岩﨑啓子さん

週1回の買い物でOK！
冷凍名人が伝授
冷凍保存でこんなに節約！！

もちろん時短！
すごく節約！
食品ロスなし！
をかなえる超冷凍保存

岩﨑啓子さんの超冷凍保存は……………………

コロナウイルス感染症の影響で
家庭での食事の機会が
増えた人も多いかと思います。
その分、調理の負担や
家計のやり繰りなどの
苦労が増えていませんか？

そこで、便利なのが冷凍保存です。
この本でおすすめする
冷凍保存のワザを使えば、
毎週1回の買い物でOK！
買い物に行く回数が減り
人込みを避けられるだけでなく
食費を大幅に削減できます。

私のワザは、長年の研究に基づく
便利なものばかりです。
きっと、皆さんのお役に立てると思います。

※今回の書籍は2010年に弊社より刊行した『「ぺた・ばら・ぴち」の3つのテクだけでOK！　冷凍保存の便利帳』
を改題し、一部加筆、修正したものです。

週 **1** 回の買い物で

1ヵ月 らくらく 献立！

---

merit **1**
もちろん 時短！

買い物の時間てこんなに取られていたんです！
気持ちの余裕もうまれます。

毎日買い物 30分／1日 × 31 回 ＝ **930** 分 (15時間30分)
まとめて買い物 30分／1日 × 4 回 ＝ **120** 分 (2時間)

→ **810** 分 (13時間30分) の **時短！**

---

merit **2**
すごく 節約！

岩﨑家の1カ月献立(p8-9)で毎日買い物とまとめ買い
で比較してみると。

毎日買い物 各レシピごとに買い物した合計は **34,967** 円
まとめて買い物 週1回まとめ買いした合計は **22,886** 円

→ なんと **12,081** 円も **節約！**

※主菜のみの合計です。編集部調べ。

---

merit **3**
食品ロスなし！

"残り物冷凍"や"なんでもかんでも冷凍"では、献立
の組み立てが中途半端になってしまい、結局は使われず
に捨ててしまったり、冷凍したものを使うためにわざわざ
買い物したりと、冷凍保存のメリットが生かされません。
超冷凍なら食品ロス解消！です。

※節約費用については、2010年発刊当時と2019年の消費者物価の変動を踏まえたうえで修正しております。

CONTENTS

冷凍名人が伝授
冷凍保存でこんなに節約!!

Step 1

16 岩﨑啓子さんがすすめるとっても使える**素材冷凍**

この本のルール

1カップ＝200cc、200ml
大さじ＝15cc、15ml
小さじ＝5cc、5ml
電子レンジは、600wを使用して
います。

Basic technique
超冷凍保存の基本

point 1
調理の応用が効く
冷凍保存

point 2
"冷凍"のイメージを変える
おいしい冷凍保存

point 3
野菜類は
冷凍向き、不向きを
使い分ける

本書では、岩﨑家の冷凍室にいつもある「使える冷凍保存食材」を紹介しています。これらを用意しておけば、「たいていのおかずはできてしまう！」（岩﨑さん）のです。その1例が次ページで紹介している1カ月献立です。

冷凍保存の基本は、食品の酸化を防ぎ、できるだけ素早く冷凍すること。そのためには、「ぺたんこ冷凍」「ぴちっと冷凍」「ばら冷凍」などのテクニックがあります。これさえ守れば、おいしい冷凍保存ができます。

野菜類はほとんど冷凍できますが、冷凍に向いていないものや生で1〜2週間は保存がきくもの（玉ねぎ、キャベツ、長ねぎ、にんじん、白菜など）を合わせて使うと、新鮮で旬を感じる献立になります。

岩﨑家が常備している 使える冷凍保存食材

※それぞれの保存方法は p18〜を参照

豚肉・牛肉　　　　保存方法 p18〜

豚薄切り肉　豚・牛こま切れ肉　豚ひき肉
豚かたまり肉　豚厚切り肉　豚角切り肉
ひと口カツ　豚トンカツ用　豚ロース肉

鶏肉　　　　保存方法 p24〜

むね肉　もも肉　骨つき肉

魚（切り身）　　　　保存方法 p26〜

さけ　さわら　かじき　さば

魚貝類　　　　保存方法 p30〜

いか　たらこ　しらす干し　あじの干もの
ほたて貝柱　あさり　しじみ　わかめ

野菜　　　　保存方法 p34〜

なす　きのこ類　大根　トマト　小松菜
ブロッコリー　カリフラワー　玉ねぎ
パプリカ　山いも　かぼちゃ　ごぼう
しょうが　オクラ　れんこん　ピーマン
じゃがいも　ほうれん草　いんげん
しいたけ　マッシュルーム　みょうが
パセリ　万能ねぎ　れんこん　にんにく

こんなものも　　　　保存方法 p48〜

ハム　ベーコン　油揚げ　ちくわ
さつま揚げ　パン　バター　ご飯　チーズ
ギョウザの皮　生パン粉　こんにゃく
うどん　焼きそば　豆腐　納豆　青のり
赤唐辛子

冷凍保存で1カ月献立

岩崎家の冷凍保存食材を使った、ある1カ月の献立例です。

1 week

1日 鶏肉の和風炒め煮

p77

・きのこ茶碗蒸し
・スライス玉ねぎときゅうりの二杯酢かけ

2日 豚肉の甘酢あんかけ

p75

・大根と水菜のサラダ
・玉ねぎとトマトのかき卵スープ

3日 あじの干ものの混ぜずし あさりと白菜の煮びたし

p84

2 week

8日 かじきのカレースティックフライ

p88

・切干し大根煮
・キャベツとみょうがの即席漬け

9日 鶏肉のプロバンス風煮

p78

・レタスと玉ねぎのサラダ アンチョビードレッシング
・きのこのポタージュ

10日 さわらとねぎの南蛮漬け

p88

・おからの炒り煮
・もやしのおひたし

3 week

15日 いかのオイスターソース焼きそば

p95

・焼き豚とレタス、トマトの中華サラダ

16日 さけのみそ漬けホイル焼き

p86

・ひじきの炒め煮
・ねぎとベーコンのスープ

17日 揚げカツのトマト煮

p66

・ゆでじゃがいもとレタスの
 バジルマヨネーズあえ

4 week

22日 唐揚げのサラダ風マリネ

p64

・小松菜と油揚げの煮びたし
・にんじんポタージュ

23日 いなりずし 豚肉とキャベツのおかか炒め

p74

24日 かぼちゃのスパイシーコロッケ

p67

・切干し大根
・洋野菜ミックスとソーセージのトマトスープ

5 week

29日 トマトと揚げなすのキーマカレー タンドリーチキン

p70

30日 さばのにんにくオイル焼き

p89

・根菜とベーコンのきんぴら
・カボチャのポタージュ

31日 ひき肉と青菜の信田巻き煮

p69

・さつま揚げとキャベツの甘酢炒め
・なめこのみそ汁

1日 鶏肉の和風炒め煮

p77

・きのこ茶碗蒸し
・スライス玉ねぎときゅうりの二杯酢かけ

レシピ掲載ページ

上段
冷凍保存食材で
作ったおかず

下段
おかずに合わせた副菜
（冷凍食材＋生鮮食材）

4日 いかのたらマヨ炒め

p90

・小松菜の煮びたし
・大根のもみ漬け

5日 クリームベジパスタ

p94

・ゆで卵とトマト、玉ねぎのサラダ

6日 さけと山いもの落とし焼き

p86

・きゅうりとわかめの酢のもの
・小松菜としめじのみそ汁

7日 豚肉とれんこんの辛みそ炒め

p73

・キャベツのおひたし
・しいたけとねぎのスープ

11日 揚げだんごと大根の甘辛煮

p71

・にんじんのごま酢あえ
・えのきとちくわのスープ

12日 ほたてと揚げなすの麻婆炒め

p91

・いり卵と春雨、にんじん、きゅうりの中華あえ
・おくらとねぎのスープ

13日 牛肉と冷凍豆腐の煮もの

p72

・キャベツとベーコンのカレー炒め
・いくらおろし

14日 角切りメンチ

p68

・ひじき煮
・きゅうりの辛子しょうゆあえ

18日 きのこ入り焼きギョウザ

p68

・ごぼうとベーコンのきんぴら
・かき卵スープ

19日 スパゲティーミートグラタン

p94

・コールスローサラダ
・ほうれん草のポタージュ

20日 カツと小松菜のおろし煮

p66

・にんじんのナムル
・玉ねぎとわかめのみそ汁

21日 いかのエスニック炒め

p90

・おからの炒り煮
・レタスと焼き豚のスープ

25日 手羽元の梅しょうゆ煮

p76

・マッシュポテトサラダ
・キャベツと油揚げのみそ汁

26日 牛肉と春雨の韓国風煮

p72

・レタスと水菜の韓国風サラダ
・わかめスープ

27日 唐揚げの卵とじ煮

p65

・せん切り白菜とおかかのサラダ

28日 大葉ロール焼き

p75

・白菜とジャコのガーリック炒め
・根菜ミックスと油揚げのみそ汁

冷凍名人の知恵拝借！

・献立は、お子さんの給食メニューをチェックしてダブらないようにするとスラスラと決まります。
・ご主人がお昼に焼き魚定食を食べてきた！ そんな時は2週間のなかで献立をちょちょいと差し替えればあわてることはありません。
・冷凍室には肉系、野菜系などグループ分けして入れておくと、いろいろな食材をバランスよくとることができるようになります。

本書に掲載されている スゴイ技で こんなにお得！！

1　毎年、食費が14万円以上節約になることも！

2　毎月、買い物時間をおよそ13時間も短縮！

3　毎日の献立にもう悩まなくなる！

4　調理時間を大幅に短縮！

5　冷凍なのに鮮度が落ちない！

冷凍名人のお知恵拝借！

ひとり暮らしから子どものいる家庭まで、今までの冷凍保存生活を
バージョンアップして、超冷凍保存生活のための冷凍名人のアドバイスです。

ひとり暮らしの冷凍保存生活

original
買ってきた肉の半分を冷凍保存しています

普通に買うとどうしても食材は余ってしまいますね、そこで発想を逆転して、1週間分の肉を買って、調理しやすくして保存してみてはいかがですか。

original
作りすぎたときには冷凍しています

カレーなどたっぷり作ったときは、そのままではなく小分けにして保存すると、後々便利ですよ。

original
買ってきた総菜を冷凍しています

必ずパックから出し、小分けにしてラップ＆冷凍用保存袋で！

original
いちごなどを冷凍して、朝に牛乳で割って飲んでいます

フルーツの冷凍保存は、栄養が偏りがちなひとり暮らしの味方。バランスのいい食生活の味方にもなってくれます。

2人家族の冷凍保存生活

original
安いときに肉を買いだめして冷凍しています

安売りは冷凍保存の味方ですね。ただし、値段だけで買わず、肉の種類を考えて買うと、後々使いやすいですよ。

original
夕食を少しずつ冷凍して主人のお弁当に使っています

解凍したときに、ちょっと味つけを変えてあげると、よりベターですね！

original
ギョウザが好きなので、たくさん作って冷凍しておきます

ホットプレートでそのまま直接焼いても十分おいしいですよ！

original
だしを多めにとって、残りを冷凍しています

小さな保存袋で冷凍すると使いやすいです。

3人家族の冷凍保存生活

original
離乳食を1週間分作って冷凍しています

早めに使い切るようにしてください。

original
唐揚げやハンバーグなど、子どもが喜ぶおかずはたくさん作って冷凍しています

ひと手間かけて違うおかずに！
p64-65 を参考に。

original
焼きそばやスパゲッティーをお弁当用に小分けして冷凍しています

麺やパスタは素材冷凍保存のほうが、バリエーションが広がりますよ。

original
夫の夜食用に、煮物などを冷凍しています

副菜の冷凍保存もおすすめです！
p58-59 を参考に。

冷凍保存にはいろいろポイントがありますが、それにはちゃんと理由があります。
それをおさえておけば、ほんとに感動的においしくて便利な冷凍保存生活が待っています！

冷凍保存はぺたんこ、ばら、

1 冷凍保存のコツ❶

ぺたんこ

ばら

ぴちっと

ぺたんこ冷凍

ひき肉などは、素早く凍らせるためにぺたんこにします。あとで調理しやすいように、1回分の使用量に小分けしておくとさらに便利です。

ひき肉

保存袋に入れたひき肉を、はしで区切って小分けする。

金属製トレイにのせて冷凍室へ。

ばら冷凍

冷凍保存の利点を最大限に生かしてくれるのがばら冷凍です。ひき肉や魚の切り身などはもちろんですが、野菜もばら冷凍しておくと、必要な分だけを使うことができるので調理しやすく、ムダがなくなります。

ひき肉・だんご

ひき肉を丸め、ラップをしいた金属製トレイに間をあけて並べ、ラップをかぶせる。

冷凍室で凍らせ、冷凍用保存袋に入れる。

空気を抜いて密閉。

ピーマン

ピーマンをせん切りにして、ラップをしいた金属製トレイに並べる。

その上にさらにラップをかけて冷凍室へ。

凍ったピーマンを冷凍用保存袋に入れて冷凍保存。

ばら冷凍した野菜を何種類か混ぜて保存容器に入れておいても便利。
→column3 p42-43

ぴちっと冷凍

魚の切り身やトンカツ用肉など厚みのあるものは、ラップでぴっちり包んで保存袋に入れます。

切り身

調味料と切り身をラップでぴっちり包む。

冷凍用保存袋に入れ空気を抜いて密閉。金属製トレイにのせて冷凍室へ。

"清潔"に気をつけて！

これって料理の基本ですが、長期間保存するものなので作業前には手洗いはきちんと。まな板や包丁も清潔にしておきましょう。

ぴちっとの 3 つのテクで OK！

シール＆油性マジック

冷凍保存したものは、2〜3週間で食べきれるのが理想。だから食材名と冷凍日は必ず書き込んでおきます。「これ、いつのだっけ？」と捨ててしまうことがなくなります。

冷凍保存のコツ❷
おいしさ倍増の冷凍ツールを使いこなす！

金属製トレイ

安心でおいしい冷凍保存の最大のポイントは"急速"に冷凍することです。そこで活躍するのが熱伝導率のいい金属製のトレイ。金属製バットや菓子缶のふたでも大丈夫です。

ラップ＆冷凍用保存袋または保存容器

ラップは食材が空気に触れて酸化し、品質が劣化してしまうことを防ぐ大事な役割を果たします。ただ、ラップには微細な穴が空いているので、これだけでは乾燥したり、臭いが移ったりするので、二重保存にしておいしさをキープします。

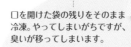

口を開けた袋の残りをそのまま冷凍。やってしまいがちですが、臭いが移ってしまいます。

これは NG 冷凍です！

※本書は2010年に刊行された書籍の復刻版のため、冷凍ツールについては刊行時のものを掲載しております。

パックのままやビニール袋に入れたまま冷凍。ラップをしていないので臭いが移ったり、乾燥してしまいます。また固まりのままなので解凍でムラができて、おいしさが逃げてしまいます。

解凍が難しいから冷凍しない、という人は意外に多いのですが実は簡単！
ポイントは、食材の種類や調理の仕方で使い分けることです。

解凍の基本ルール

1

解凍のコツ❶
冷蔵室や室温で
自然解凍

夕食に使う食材が決まったら、昼のうちに
冷蔵室（チルドルームがあればベスト）へ
移動させるか室内に置いておくだけ。
二重保存の場合は、袋や保存容器から出して
ラップの状態にしておきます。

流水＆ため水解凍も
急ぎで解凍するときには、流水やた
め水で解凍しても。ただし、あくま
でも水で。お湯はNGです。

2

解凍のコツ❷
電子レンジで
お手軽解凍

解凍する時間がないときには電子レンジが
便利。最近の電子レンジは解凍状態をセン
サーがキャッチしてくれるので、意外に失敗
がありません。保存袋から出して、ラップ
の状態で皿におきます。

天ぷらなどの調理済
みのものは、ラップ
も取ってキッチン
ペーパーを上下にし
いて解凍します。こ
れでカラッとした状
態に戻ります。

はこれだけ！

3

解凍のコツ❸
調理解凍で
おいしくて時短

究極の解凍は調理解凍。凍ったまま調理するので、
おいしさが逃げず、調理時間も短縮できます。

凍ったあさりを 鍋に ぽん！

あさりと白菜の煮びたし
▶p84

凍ったさばを オーブンの天板に ズラ！

さばのにんにくオイル焼き
▶p89

揚げだんごを 鍋に ぽん！

揚げだんごと大根の甘辛煮
▶p71

再冷凍は
NGです！

一度解凍したものを再度冷凍するのはやめ
ましょう。食品の細胞がさらに破壊される
ので味や食感が大きく低下するだけでなく、
細菌が繁殖するおそれもあります。いった
ん解凍したら使いきるようにします。

「肉は、牛、豚、鶏といった種類ではなく、形状に合わせた冷凍方法をマスターしましょう」と言う岩﨑さん。
レシピをイメージして用意するととても使い勝手がよくなります。

こんなおかずがあっという間に！ 大菜ロール焼き p75

Step1

岩﨑啓子さんがすすめる

とっても使える

素 材 冷 凍

こんなおかずがあっという間に！ いかのオイスターソース焼きそば p95

魚貝類は、実は冷凍しやすい食材です。
料理のバリエーションも増えるし、ぜひおすすめです

野菜は、ばら冷凍にしておくと、肉料理、魚料理からみそ汁と、すべてのレシピに使えてとっても便利です

こんなおかずがあっという間に！ 根菜とベーコンのきんぴらき p59

肉
meat

肉は、いつものおうちごはんはもちろん、お弁当におもてなしにと大活躍の素材です。

安売りの日に大量買いして冷凍しておく！これが生活上手になる第一歩。

肉の定番は牛、豚、鶏ですが、種類に関係なく、

形状に合わせた冷凍方法を覚えてしまえば、肉の冷凍は簡単です。

薄切り肉

肉の中で一番使い勝手のよいのが、薄切り肉です。
1枚ずつや重ねて使うなど、多彩な料理に応用可能。
味がしみ込みやすいので、味をつけてからの冷凍もおすすめ。

●豚薄切り肉

ラップの間に平らにはさみ、空気をしっかり抜く。

1

ラップに肉を並べ、上からラップをかぶせてはさむ。再度上に肉を並べ、ラップではさむ。これを何回か繰り返す。

2

べたんこ

ラップの空気を抜くように包み、冷凍用保存袋に平らに入れ、金属製トレイにのせて急速冷凍する。

👨‍🍳 名人アドバイス

・1枚ずつくっつかないよう並べると、使いたい分だけきれいに取り出せます
・薄い状態で冷凍すれば、帰宅後着替えている間に解凍時間できちゃいます

＊解凍方法
・自然解凍
・電子レンジで解凍

こんな料理に p73

下ごしらえ冷凍

加熱時間の早い薄切り肉は、調味したり、加熱手前まで準備して冷凍すれば、
後は焼いたり煮たりするだけ。あっという間にひと品の完成です。

＋塩・こしょう

Point
薄切り肉は味が
しみ込みやすい
ので、片面調味
で十分

ラップに塩、こしょうを各少々
ふって肉を並べ、ラップで包む。

べたんこ

冷凍用保存袋に入れ、金属製
トレイにのせて冷凍。

＊**解凍方法**
・自然解凍
・電子レンジで解凍

＋しょうゆ

＊肉100gに対し
しょうゆ小さじ1、
みりん小さじ½、
しょうが汁少々が目安

Point
解凍段階で味が
しみ込むので、
軽く混ぜるだけ
でOK

調味料を合わせ、肉を加えて
あえる。

べたんこ

冷凍用保存袋に平らに入れ
金属製トレイにのせて冷凍。

こんな料理に p74

＊**解凍方法**
・自然解凍
・電子レンジで解凍

ばらロール

ラップに肉の端を重ねるよう
に置き、青じそをのせる。

肉を巻き、ラップの端をキャ
ンディーのようにねじって形
を整える。

Point
ラップごと巻き上げると、
汚れずきれいな仕上がり
に。さらにラップの上から
切ると形くずれしない

ばら

ラップごと適当な大きさに切
り、ラップをはがす。ラップを
しいた金属製トレイに並べ、ラ
ップをかぶせて冷凍庫へ。凍っ
たら冷凍用保存袋に移す。

＊**解凍方法**
・自然解凍
・電子レンジで解凍

こんな料理に p75

こま切れ肉

各部位の切れ端の肉が集まっているので、安価の割には格段のおいしさ！
また最初から食べやすい大きさなので、切らずにそのまま使えて便利です。

●牛こま切れ肉　肉を薄く広げながら、重ならないよう均一の厚さに

ラップに肉をのせ、はし先で切らないように薄く広げていく。ラップの空気を抜きながら包む。

👤名人アドバイス

・50g、100gなど決まった分量か、1回に使う量ずつ包むと、とっても使いやすい！
・重なった団子状態で冷凍してしまうと、解凍時間がかかる上、解凍時にうまくはがれない原因に。重なりはできるだけ少なくしましょう

べたんこ

冷凍用保存袋に平らに入れ、金属製トレイにのせて急速冷凍する。

こんな料理に　p72

＊解凍方法
・自然解凍
・電子レンジで解凍

下ごしらえ冷凍

肉が薄いので、少なめの調味料でも十分味はしみ込みます。
少量ならば自然解凍や半解凍状態で、そのまま調理にしても大丈夫です。

＋しょうゆ

ぴちっと！

冷凍用保存袋に肉、しょうゆ、酒を直接入れ、袋ごともむ。中身をできるだけ薄く均一に広げ、空気を抜いて口を閉じる。

＊100gの肉に対して、しょうゆ小さじ1　酒小さじ½が目安
＊薄切り肉にも流用可能！

Point
牛肉はもみ過ぎると、肉が切れてばらばらになるのでご注意を

＊解凍方法
・自然解凍
・電子レンジで解凍

こんな料理に　p72

ひき肉

値段が手ごろな上、扱いやすく、どんな料理でも失敗が少ないのが魅力です。
解凍しやすい状態で冷凍しておけば、固めたり、そのまま使ったりと楽しめます。

●豚ひき肉　薄い状態で凍らせた肉は、筋にそって手早く割って解凍！

ひき肉を冷凍用保存袋に入れ、袋全体に薄く広げる。空気を抜いて口を閉じ、使うときに割りやすいようはしで筋をつける。

金属製トレイにのせて急速冷凍する。

名人アドバイス
・ひき肉を広げるときに押し過ぎると肉がつぶれてしまうので、注意しましょう。
・例えば400ｇ入れると、4等分した筋の1つが100ｇとなり、調理の際に分量が計算しやすい

＊解凍方法
・自然解凍
・電子レンジで解凍

こんな料理に p68 p69 p70

下ごしらえ冷凍

小さく丸めただんごの状態で冷凍する方法も、とってもおすすめです。
そのまま鍋や汁ものに加えると、うま味た〜っぷりのだしになります。

Point
煮ものや汁ものには、解凍しないで使う。

だんご

ひき肉300ｇに卵½個、調味料（酒・しょうゆ小さじ2、しょうが汁½、塩、こしょう各少々）を加え、もむように混ぜる。ねばりが出てきたら刻んだ長ねぎ¼本分を合わせる。
＊長ねぎを玉ねぎにかえれば、洋風の肉団子に

適当な大きさに丸め、ラップをしいた金属製トレイにのせ、ラップをかぶせて冷凍室へ。凍ったら冷凍用保存袋へ入れる。
＊揚げた状態で冷凍してもよい（p56）

＊解凍方法
・調理解凍
・電子レンジで解凍

こんな料理に p71

かたまり肉

特売日などに大きな肉をかたまりで買って来て、家で切り分ければとっても経済的。
使いやすい厚さや大きさに切ることができ、脂を落とせばカロリーもダウンできます。

●豚厚切り肉

厚めの肉にはうま味がたっぷり。
揚げものやソテーなどがおすすめ！

金属製トレイにラップをしき、塩、こしょう各
少々をふって厚切りにした肉をのせる。上から
再度塩、こしょうをふる。

名人アドバイス

・ラップに調味料をふってのせると、片面の調理
　は完了です。もちろん味つけなしでも OK！
・厚さは、使う目的や分量、好みで調節を

ラップをかぶせて急速冷凍し、凍ったら冷凍用
保存袋に入れる。

●豚角切り肉

煮込みなど時間がかかる料理でも、
きちんとばら冷凍でうま味はそのまま

金属製トレイにラップをしき、塩、こしょう各
少々をふって角切りにした肉を並べる。上から
再度塩、こしょうをふる。

名人アドバイス

・カレーや酢豚など、しっかりとした味の料理に
　使うことが多いので、冷凍の段階で下味をつけ
　ておくと時短に

ラップをかぶせて急速冷凍し、凍ったら冷凍用
保存袋に入れる。

＊解凍方法
・自然解凍
・電子レンジで解凍

こんな料理に p66

こんな料理に p75

トンカツ用肉

脂身が多い部位なので、きちんと冷凍で
"冷凍やけ"を防ぐのが第一です。

下ごしらえ冷凍

お弁当のおかずで根強い人気のカツは、
衣をまぶして冷凍しておくと楽ちんです

ひと口カツ

ばら

厚切り肉に下味をつけ、
小麦粉、溶き卵、パン粉
をまぶす。ラップをしい
た金属製トレイに並べて
冷凍し、凍ったら冷凍用
保存袋で冷凍する。

*揚げた状態で冷凍しても
よい（p57）

Point
小さいひと口カツ
は、衣をつけて
冷凍しても、揚
げ上がりのさく
さく感は保てる

*解凍方法
・自然解凍
・電子レンジで解凍

こんな料理に p66

かたまり肉を
そのまま使うことって
ほとんどありませんね。
購入後は冷凍する前に、
よく使う大きさに
一気に切り分けます。
私は衣までつけて保存し、
いつでも手軽に
カツを揚げています。
時短にもなりますよ！

●豚ロース肉

**味が劣化しやすいトンカツ用肉は、
下味をつけて冷凍してうま味キープ**

1

ラップをしき塩、こしょう各少々ふって肉をの
せ、上から再度塩、こしょうをふる。

2

ぴちっと！

1枚ずつラップで包んでから冷凍用保存袋に入
れ、金属製トレイにのせて冷凍する。

名人アドバイス

・サイズの大きいフライは衣の劣化を感じやすい
　ので、揚げる直前に衣をまぶして。揚げてから
　の保存も、解凍時の衣のベタつきが目立ってし
　まうので控えましょう

*解凍方法
・自然解凍
・電子レンジで解凍

皮つき肉

鶏肉の皮と身の間はうま味の宝庫。できれば皮ごと調理し、鶏の味を堪能しましょう。肉に弾力があるので、半解凍で切ると包丁の刃が入りやすい！

●鶏もも肉・鶏むね肉　　肉に汁気が多いので、冷凍はきちんと水分をふき取ってから！

そのまま冷凍用保存袋に入れ、空気を抜きながら口を閉じる。金属製トレイにのせ、冷凍する。

ぴちっと！

名人アドバイス

- 血や汚れがある場合は、一度水洗いして水気をふいてから冷凍します
- 塩、こしょう各少々をふるなど下味をつけてから冷凍すると、時間短縮に。皮が厚い場合は、フォークで穴を開けてから調味しましょう
- 半解凍状態で切ると、どんな切り方でもきれい！

▼鶏むね肉　　▼鶏もも肉　　＊解凍方法
こんな料理に　p64　p65　　　　p77　p78　　・自然解凍
　　　　　　　　　　　　　　　　　　　　　　・電子レンジで解凍

下ごしらえ冷凍

下味をつけてから冷凍すれば、
解凍後に調味しなくてもおいしいひと品の完成！

＋しょうゆ

＊皮つき肉1枚（250g）に対して
しょうゆ大さじ1、
酒大さじ½、
しょうが汁小さじ½、
こしょう少々が目安

Point
好みでスパイスやハーブを加えても。解凍後、粉をまぶして揚げれば、唐揚げもあっという間（p57）

ぴちっと！

冷凍用保存袋にひと口大に切った肉としょうゆを入れ、全体を均一の厚さにし、空気を抜いて口を閉じる。金属製トレイにのせ、冷凍する。

＊解凍方法
・自然解凍
こんな料理に　p64　p65　　・電子レンジで解凍

骨つき肉

骨のまわりは、うま味や女性に注目のコラーゲンが驚くほど豊富です。
丸ごと料理に使えば、極上のだしが抽出されて味わいがアップしますよ。

●鶏手羽元　独特の臭みを、ていねいに水で洗い流してから冷凍室へ

水洗いして血や汚れを落とし、
ペーパータオルで水気をふく。

名人アドバイス

・使う料理が決まっている場合
は、塩、こしょうなどで下味を
つけて冷凍するのもおすすめ

金属製トレイにラップをしき、手羽元を
並べる。

ラップをかぶせて冷凍し、凍ったら冷凍
用保存袋に入れる。

＊解凍方法
・自然解凍
・電子レンジで解凍

こんな料理に p70 p76

下ごしらえ冷凍

インドを代表するスパイシーなチキンメニューも、下味の段階で冷凍可能。
袋の中で軽くもんで調味料を全体に行きわたらせたら、あとは焼くだけに。

**タンドリー
チキン**

材料を冷凍用保存袋に入れ、軽くもんで
なじませる。

＊鶏手羽元6本に対し、塩、こしょう各少々、
おろししょうが・おろしにんにく各½かけ
合わせ調味料（プレーンヨーグルト½カップ、
おろし玉ねぎ大さじ2、トマトケチャップ大さじ1、
酢大さじ½、カレー粉小さじ2、塩小さじ⅓、
ローリエ1枚、クミン・コリアンダー各少々）

平らにして口を閉じ、
金属製トレイにのせて
急速冷凍する。

Point
半解凍の状態で
焼くと、熱が加
わるほどにさら
に味が浸透

＊解凍方法
・調理解凍
・自然解凍
・電子レンジで解凍

こんな料理に p70

栄養バランスがよく、低カロリーでヘルシーな魚貝は、味だけでなく体のためにも、できるだけ食生活に取り入れたいもの。通年味わえるものや旬で登場するものまで種類が豊富な点も魅力で、凍ったまま焼くこともできるので、実は手軽な食材なんですよ。

切り身

下処理がほとんどいらず、加熱がとってもスピーディーに進むのが切り身の利点です。そのまま焼くだけでも美味ですが、カットすればさらにレパートリーが広がります。

●生ざけ

色素に強い抗酸化力、免疫力アップ効果などがあるさけは、健康を維持するためにも、冷凍で常備保存をしておきましょう

身に塩と酒各適量をふって、下味をつける。

名人アドバイス

・塩ざけは調味しないで、同様に冷凍します
・下味の酒には、うま味を移すとともに臭み消しの役目も

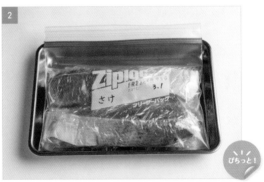

ぴちっと!

ラップで1尾ずつ包んで冷凍用保存袋に入れ、金属製トレイにのせて急速冷凍する。

＊**解凍方法**
・調理解凍
・自然解凍
・電子レンジで解凍

こんな料理に p86

他の切り身も同じ！

さわらやかじき、ぶり、たらなど、切り身は種類も多彩で、旬によって違う味を堪能できるのは一番の贅沢。切り身の冷凍方法はどの種類も同じなので、しっかりマスターしてしまえばとても簡単ですよ

さわら　こんな料理に p88
かじき　こんな料理に p88

下ごしらえ冷凍

切り身のおすすめ冷凍のひとつが、しょうゆやみそなどとともに凍らせる方法。
生ざけに塩をふって冷凍すれば、塩ざけのでき上がり！塩の量は好みで加減を

＋みりんじょうゆ

1

さけ2尾の場合
・しょうゆ小さじ2、
・みりん小さじ1、
・しょうが汁小さじ½
を目安に

ぴちっと！

冷凍用保存袋に調味料を入れて、
切り身を入れる。
金属製トレイにのせて冷凍室へ。

Point
調味料は、袋を少しふって混ぜておく

＊解凍方法
・調理解凍
・自然解凍
・電子レンジで解凍

こんな料理に p87

＋みそづけ

1

2

さけ1尾の場合
・みそ大さじ1、
・みりん大さじ½
を目安に

ぴちっと！

みそとみりんを合わせてラップの中央に薄くぬり、切り身をのせる。

Point
ぴっちり包めば、みそは少量でも十分。みそは切り身を包むよう、広めにぬる

ラップで1尾ずつ包んで冷凍用保存袋に入れ、金属製トレイにのせて冷凍室へ。

＊解凍方法
・調理解凍
・自然解凍
・電子レンジで解凍

こんな料理に p86

半身

魚を二枚か三枚におろした身の半分に当たるので、たいていはサイズが大きめ。調理しやすく切り分けてから、手早く冷凍しましょう。

●さば

鮮度落ちが早いさばの冷凍は、買ってきたらできるだけ早く冷凍することと、独特の臭みを消しておくことがポイント！

1

ぴちっと!

身をそぎ切りにしてラップで包み、冷凍用保存袋に入れて口を閉じ、金属製トレイにのせて急速冷凍する。

名人アドバイス

中骨や腹骨がある場合は、除いてから切り分けます

＊**解凍方法**
・調理解凍
・自然解凍
・電子レンジで解凍

こんな料理に **p89**

臭みをきちんと消してこそ美味

生臭さを消すにはいくつかの方法がありますが、一番の基本的な手段としては日本酒をふりかけること。さらにしょうゆやみそで下味をつけたり、しょうがやにんにくで香りを加えてもよいですね

にんにく　　しょうが

一 尾 魚 は お ろ し て 冷 凍

鮮度のよい一尾魚は、下処理をきちんとすれば丸ごと冷凍も可能。
ヒレやワタを除き、汚れや血をきれいに洗ってから冷凍します

ラップに半身ずつ包んで冷凍用保存袋に
入れ、金属製トレイにのせて冷凍する。

ぴちっと!

名人アドバイス

とにかく新鮮なうちに冷凍すること!

＊解凍方法
・調理解凍
・自然解凍
・電子レンジで解凍

あじのおろし方

1　開始

包丁の刃先を表面にそって動かし、
うろこを取る。

2

ぜいごを取る

3

エラの下に刃を入れ、頭を切り落とす。

4

腹に切れ目を入れ、ワタを取り出す。

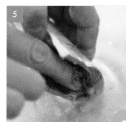

5

水でよく洗い、
水気を取る。

Point
身を丸ごと冷凍す
る場合は、この状
態でラップに包む。

6　完成

三枚におろし、頭の背の方から中骨にそって包丁を入れて、
身を切る。反対側の身も同じように切り、腹骨をそぎ取る。

いか

日本の食卓に年間を通して、もっとも登場回数が多い魚貝です。
下処理をしっかりとしておけば、ほとんど失敗なく冷凍できます。
和食、中華、イタリアンなど、幅広い料理に使えるのも魅力ですね。

●丸ごと

部位ごと食感を、料理に合わせて選んで

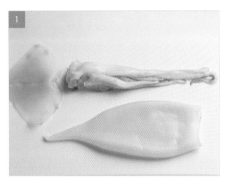

腹ワタごと足を引っ張り出し、軟骨、皮も取り除き、吸盤は切り落とす。エンペラを取り、胴、足とともに水洗いして水気をふく。

部位ごとにラップで包み、冷凍用保存袋に入れて、金属製トレイにのせて冷凍する。

名人アドバイス

塩や酒を各少々ふって下味をつけておくと、いろいろな料理にすぐに応用できます

こんな料理に p90

*解凍方法
・調理解凍
・自然解凍
・電子レンジで解凍

●胴

輪切りや短冊切りなど、切り方は自由に

適当な大きさに切り、ラップをしいた金属製トレイに並べる。ラップをかぶせて急速冷凍し、凍ったら冷凍用保存袋に移す。

名人アドバイス

面倒でも格子状に隠し包丁を入れておくと、加熱しても丸まらず味がしみ込みやすい。仕上がりの見た目もきれいですよ

こんな料理に p90 p95

*解凍方法
・調理解凍
・自然解凍
・電子レンジで解凍

たらこ

冷凍のまま熱々のご飯にのせれば、
即解凍！ 焼く場合も凍ったまま
さっとあぶれば食べられます。

半腹ずつラップで包み、冷凍用保存袋に入れて金
属製トレイにのせて冷凍する。

名人アドバイス

・自然解凍で、手軽においしく
　いただけます
・ひと口大に切った場合は、ば
　ら冷凍にし、そのまま冷凍用
　保存袋に入れる

*解凍方法
・調理解凍
・自然解凍
・電子レンジで解凍

こんな料理に p90

しらす干し

あっという間に解凍できるので、もう
ひと品欲しいときに大助かり。他の
小魚も同じ方法で冷凍できます。

小分けにして平らにし、ラップで包む。冷凍用保存
袋に入れ、金属製トレイにのせて冷凍室へ。

名人アドバイス

・1回分、または1人分ずつ、
　ラップに包んでおくと便利
・だんご状に凍ってしまうと
　解凍に時間がかかるので、
　できるだけ薄く広げましょう

*解凍方法
・調理解凍
・自然解凍
・電子レンジで解凍

こんな料理に p92

干ものやびん詰め、缶詰めも冷凍保存で

最近の干ものは塩分が薄く、一夜干しなど短時間乾燥が主流。日持ちしないものが多いので、冷凍は必須
です。使いかけのびん詰めや缶詰めなども、冷凍しておくとムダがありません

干もの

1枚ずつラップに包
んで冷凍用保存袋に
入れ、金属製トレイ
にのせて冷凍。

*解凍方法
・調理解凍
・自然解凍
こんな料理に p85 ・電子レンジで解凍

Point
凍ったまま焼け
るので便利！

オイル漬け

ラップに並べて包み、冷凍用保
存袋に入れ、金属製トレイにの
せて冷凍。

*解凍方法
・調理解凍
・自然解凍

貝

貝類は鮮度が落ちやすい食材です。購入後はできるだけ早く下処理を。
手の熱も避けたいところなので、そのままの姿で冷凍してしまい、
調理するときに切ったり身を取り出したりします。

●ほたて貝柱

やわらかく肉厚の身は、とってもマイルドな食感と味が特徴。
多種類の調味料と相性がよく、加熱するとうま味成分が出てきます

👨‍🍳 **名人アドバイス**

殻つきの場合は、ヒモやワタ
を除いてから使います

貝柱は水洗いして、水気をふき取る。ラップをしいた金属製
トレイに並べ、ラップをかぶせて急速冷凍する。

ばら

凍ったら冷凍用保存袋に移す。

＊**解凍方法**
・自然解凍
・電子レンジで解凍

こんな料理に p91

●あさり

殻ごと冷凍し、凍ったまま調理可能

1

あさりを塩水につけて砂を吐かせ、さらに殻を
こすり合わせてよく洗う。
＊塩水は海水と同じくらいの濃度3％に

2

水気をふき、冷凍用保存袋に入れて金属製ト
レイにのせ、急速冷凍する。

名人アドバイス

・貝殻ができるだけ重ならないようにし、
　均一に冷凍を進めましょう。

こんな料理に　**p84**　＊解凍方法
・調理解凍

●しじみ

川で獲れるので砂ぬきなしで調理へ

1

殻をこすり合わせてよく洗い、水気をよくふく。
冷凍用保存袋に入れ、金属製トレイにのせて急速
冷凍する。

名人アドバイス

凍ったままみそ汁やお吸いものに入れると、
溶けながらおいしいだしが出てきます

こんな料理に　**p93**　＊解凍方法
・調理解凍

野菜
Vegetables

毎日の食事で、できるだけたくさんとりたい食材は野菜ですね。

足りないと、食生活の栄養バランスは極端に崩れてしまいます。

野菜も冷凍しておくと、買いものができないときに安心ですが、

種類によって冷凍保存に向き不向きがありますからご注意を。

丸ごと

水分が多く皮が薄いトマトやフルーツは、賞味期限が迫っているならば思いきって冷凍庫へ。面倒な手間もなく、丸のままで保存が可能です。ただし元の状態には戻らないので、凍ったままの調理がおすすめ！

●トマト

残ったトマトは、傷む前に迷わず冷凍してしまえばムダが出ません。トマトは多種類が出まわっていますが、形にかかわらず同じ方法で

1 ヘタを取って、水気をふく。

2 ラップに1個ずつ包み、冷凍用保存袋に入れる。金属製トレイにのせ、冷凍室で急速冷凍する。

ぴちっと！

名人アドバイス

- ヘタをくり抜いて取ると、冷凍の段階で身と皮の間に隙間ができるので、凍ったままでも皮がむけます。湯むきの手間が省けますね
- 半分残ったトマトも同じ方法で冷凍可能！
- 生の状態への再生は不可なので、煮込み料理やスープなどに

*解凍方法
・調理冷凍
・電子レンジで解凍

こんな料理に p70

水煮も冷凍なら、使い勝手よし！

トマトの水煮は、使い切れずに余ってしまうことってありませんか。残ったら迷わず冷凍してしまえば、ソースやスープなどに利用できます。凍っているので、必要な分だけを切り分けることができ、ちょっと彩りに添えたいときなどにも便利ですよ。

ぺたんこ

冷凍用保存袋に平らに入れ、空気を抜きながら口を閉じる。金属製トレイにのせ、急速冷凍する。

*解凍方法
・調理解凍
・電子レンジで解凍

フルーツも丸ごと冷凍！

凍ったままシャーベット感覚で、または氷やミルクと合わせてジュースにするなど、意外に応用がききます

◎いちご…ヘタを取り、ラップをしいた金属製トレイに並べ、ラップをかぶせてばら冷凍。凍ったら冷凍用保存袋へ

◎ぶどう…1粒ずつにし、ラップをしいた金属製トレイに並べ、ラップをかぶせてばら冷凍。凍ったら冷凍用保存袋へ

切る&ぴちっと

水分が多くない野菜は、刻んでそのままラップで小分けにできるので、手軽に冷凍ができてしまいます。カットは小さく、厚みも薄くして、できるだけ短時間で凍るよう工夫しましょう。

●オクラ

冷凍してもネバネバは変わらず！表面の産毛を取って、うま味を維持

ヘタを取り、全体に塩をまぶして板ずりしてうぶ毛を除き、水洗いする。水気をふいて小口切りにし、小分けにしてラップで包む。

冷凍用保存袋に入れて口を閉じ、金属製トレイにのせて急速冷凍する。

名人アドバイス

・さっと湯通しし、冷水で冷ましてから冷凍すると、より色が鮮やかに
・1回に使う分、または1人分ずつ包んでおくと便利です

＊解凍方法
・調理解凍
・自然解凍
こんな料理に p93

●みょうが

解凍したときに食感が残るよう、切ること。解凍後も色は鮮やか

せん切りにして小分けにし、ラップで包み、冷凍用保存袋に入れて口を閉じる。金属製トレイにのせ、急速冷凍する。

名人アドバイス

・薄切りやみじん切りなど、いろいろな切り方での保存が可能です。目的に合わせて切り分けておくのも賢い方法！

＊解凍方法
・調理解凍
・自然解凍
こんな料理に p85

切る＆ばら

トレイにばらばらに食材を置く"ばら冷凍"をしてから袋や容器へ。
凍るまでの時間が大幅に短くなり、ばらの状態で必要な量だけ取り出せます。

●ピーマン・パプリカ

肉厚のピーマンは、細く切ってから間隔を開けて並べます。
炒めものや、あえものなどに、手間なく使えて便利です。

1

ヘタと種を除き、
細切りにする。

2

ばら

金属製トレイにラップをしいてピーマンを並べ、
ラップをかぶせて密着させる。

3

2と同じようにピーマンを並べ、ラップをかぶせる。これを何回かくり
返し、冷凍室で急速冷凍し、凍ったら冷凍用保存袋に移す。

🧑‍🍳 名人アドバイス

・トレイの大きさに合わせて並べる量、
　重ねる回数は調節しましょう

▼ピーマン　　　　　▼パプリカ

こんな料理に p67 p75 …… p75 p78 p94 p95

＊解凍方法
・調理調理
・電子レンジで解凍

切り方は違っても、
プロセスはいっしょ！

ピーマンは料理に彩りや食感を加え、イタリアン、
中華、エスニックなど、いろいろな料理で大活躍。
料理によって大きく切ったり、小さく切ったりと
切り方もいろいろですが、みじん切りやペースト
でない限り、同じようにばら冷凍でOKです。

ばら

角切りも同じ手順で、ばら冷凍

＊解凍方法
・調理調理
・電子レンジで解凍

●ごぼう

繊維質の多い野菜は、小さく
薄く切って、急速に凍らせます

1

ぱら

皮は包丁の背でこそげ取り、ささがき、
ななめ切りなど使いやすく切る。ラップ
をしいた金属製トレイに並べ、ラップを
かぶせて急速冷凍する。凍ったら、冷凍
用保存袋に移す

👨 名人アドバイス

・ごぼうは切ったあとに変色しやすいの
　で、酢水につけて色止めします。水洗
　いし、水分をよくふき取ってから冷凍を
・きんぴらやサラダなどでおなじみの
　せん切りも、同じプロセスで

●大根

水分減少がわからないように
せん切りに。ばらばらに並べます

1

大根は皮をむいてせん切りにし、ラップ
をしいた金属製トレイに並べる。

2

ぱら

ラップをかぶせて急速冷凍し、凍ったら
冷凍用保存袋に入れる。

👨 名人アドバイス

・短冊切りやいちょう切りなど、
　他の切り方も同じプロセスで

こんな料理に p65 p77
＊解凍方法
・調理調理
・電子レンジで解凍

こんな料理に p90
＊解凍方法
・調理調理
・電子レンジで解凍

下ゆでして

火を通して使う野菜は、冷凍前に下ゆでしておくと風味が変わりません。
ただし再加熱する場合が多いので、さっと火を通すだけでも十分です。

●ほうれん草・小松菜

ゆでておくと変色が防げ、組織が壊れ
ないので味や食感も保てます

ほうれん草は、塩少々を加えた熱湯でさっとゆで、
冷水に取って軽く水気をしぼる。

名人アドバイス
・再加熱するので、しゃぶしゃぶ程度でストップ！
・力を入れ過ぎると組織が壊れてしまうので、ここでは
　軽くしぼる程度に

2 適当な長さに切り、小分
けにしてラップで包む。

3 冷凍用保存袋に入れて口
を閉じ、金属製トレイに
のせて急速冷凍する。

*解凍方法
・調理解凍
・自然解凍
・電子レンジで解凍

▼ほうれん草　▼小松菜
こんな料理に p69 p92 p95 ‥ p66 p95

他にも 葉の大きさは違っても冷凍方法は同じ

春菊、チンゲン菜なども、さっと下ゆでしてから冷凍し
ましょう。最近では新しい葉野菜の品種が増えています
が、同じ方法で大丈夫です。

固めにゆで、握るようにしな
がら軽く水をしぼる

●れんこん

冷凍したれんこんは、再加熱しても
味やしゃっきり感は変わりません

1 皮をむいて半月切りにし、熱湯でゆでる。

2 取り出してペーパータオルの上
に並べ、さらに上からペーパータオル
で押さえてしっかり水気を取る。

3 ラップをしいた金
属製トレイに並べ、
ラップをかぶせて
急速冷凍する。凍
ったら冷凍用保存
袋に移す。

*解凍方法
・調理解凍
・自然解凍
・電子レンジで解凍

こんな料理に p73 p77 p87

他にも 下ゆで野菜は、さっと加熱がうま味残す

下記の野菜は、必ず下ゆでしてから凍らせます。解凍後
の調理時間も短くなり、持ち味を損ないません。

●ブロッコリー　●いんげん　●さといも
●カリフラワー　こんな料理に p77

つぶして

冷凍で組織が劣化しやすい、でんぷん質の
多い野菜は、つぶしてやさしい口当たりに

●かぼちゃ

解凍時に水っぽくなりがちですが、
つぶして冷凍なら、味はそのまま

種とワタを除き、
耐熱皿にのせてラ
ップをかけて、電
子レンジで加熱す
る。熱いうちに、
つぶす。

冷めたら、小分けに
してラップに包む。

冷凍用保存袋に入
れて口を閉じ、金
属製トレイにのせ
て急速冷凍する。

*解凍方法
・自然解凍
・電子レンジで解凍

こんな料理に p67

他にも でんぷん質の多いいも類は、マッシュがおすすめ

じゃがいも、さつまいもなどのいも類もつぶした状態で冷凍すれば、
味を損なうことなし。サラダやコロッケなど、意外に使い勝手も抜群

●じゃがいも
同じプロセスで冷凍

こんな料理に p83

おろして

おろす作業は、組織や食物繊維を壊すので、
冷凍しても、もとの食感に近く戻ります。

●山いも

山いも特有のネバネバ感は、
冷凍後も変わらず楽しめます

皮をむいて、すりおろす。

小分けにして冷凍用保存袋に入れ、
口を閉じて金属製トレイにのせて
急速冷凍する。

*解凍方法
・自然解凍
・流水解凍

こんな料理に p86

他にも 大根おろしは汁気をきって

おろしたときに汁気の出る、大根、しょうが、にんじんな
どは、ざるにあげて汁気をきってから冷凍。解凍時の味わ
いがアップします。

●大根
大根おろしは水きり後、酢少々
をふり混ぜると、独特の臭みが
消える。

こんな料理に p66 p75

39

きのこ

きのこの冷凍で大敵なのは水分。きちんと下処理しないと味は半減してしまいます。
ざるにのせて水気をきり、少し乾燥させてから冷凍室に入れましょう。

●しいたけ

石づきを取ってから、軸ごと縦割りに。
ペーパータオルやざるにのせておくと水分がとびやすい！

石づきを落とし、半分か¼に切る。

ラップをしいた金属製トレイに、重ならないよう並べる。

ラップをかぶせ急速冷凍し、凍ったら冷凍用保存袋
に移す。

名人アドバイス

・きのこは冷凍すると長期保存ができ、
おどろくことに香りもうま味も増える
んです。
・切る大きさは、使う目的に合わせて！

＊解凍方法
・調理解凍
・室温で半解凍
・電子レンジで解凍

こんな料理に p68 p70 p77

●なめこ

ぬめりを残しつつも余分な水分を
ざるの網目から落とします

1

ざるにあけて、余分な汁気をきる。

2

冷凍用保存袋に平ら
になるように入れ、
口を閉じて急速冷凍
する。

ぴちっと！

········こんな料理に　p95　　**＊解凍方法**
・調理解凍
・室温で半解凍

●えのきだけ

できるだけ小分けにして乾燥させ、
使いやすい分量に分けてラップへ

1

石づきを切り、小房に分ける。

2

冷凍用保存袋に平ら
になるように入れ、
口を閉じて急速冷凍
する。

ぴちっと！

········こんな料理に　p70　　**＊解凍方法**
・調理解凍

●しめじ

ばらばらにして水気が飛んだら、
さあ冷凍作業のスタートです！

1

石づきを切り、1本ずつばらばらにする。

2

冷凍用保存袋に平ら
になるように入れ、
口を閉じて急速冷凍
する。

ぴちっと！

········こんな料理に　p70　p86　　**＊解凍方法**
・調理解凍

きのこは形で
冷凍方法を変える

きのこは一般的なものから、地方
の特産品、最近では外国生まれの
ものまで多種類が店頭に並んでい
ます。しいたけやまいたけのよう
にかさが開いたものは、切ってか
ら冷凍室に。またエリンギのよう
に軸まで太いものは、薄切りにし
て冷凍します。マッシュルームの
場合は丸のままか、薄切りにして
冷凍用保存袋で保存を。

エリンギ…薄い輪切りにし
て冷凍用保存袋へ水きりを
しっかり。

こんな料理に　p66　p72

マッシュルーム…水気をふ
き取り、そのまま冷凍して
もOK

こんな料理に　p81

炒めものや温野菜、パスタなどに、ふんだんに野菜を使うならば、
あらかじめベストのコンビネーションで冷凍しておきましょう。
ここでは和・洋・きのこのミックスを4パターンご紹介しますが、
季節野菜を加えるなど組み合わせのアイデアは自在ですよ。

column Mixed vegetables
ぜひとも冷凍！ミックス野菜

Mixed vegetables 1
洋野菜ミックス

ブロッコリー＋カリフラワー＋パプリカ＋玉ねぎ

冷凍したブロッコリーとカリフラワー（p38）、
角切りのパプリカ（p36）に、下ゆでした玉ね
ぎを冷凍用保存容器で合わせ、ふたをして冷
凍する。また下処理した材料を容器で合わせ、
急速冷凍してもよい。

＊下ゆでの玉ねぎは角切りにして熱湯に通し、水気をふき取っ
て冷ます。

こんな料理に p94

＊**解凍方法**
・調理解凍
・電子レンジで解凍

このまま電子レンジで加熱するだけでも、
ヘルシーな温野菜サラダに。

Mixed vegetables 2
洋野菜ミックス

いんげん＋玉ねぎ＋パプリカ＋マッシュルーム

冷凍したぶつ切りのいんげん(p38)、角切り
のパプリカ(p36)、薄切りのマッシュルーム
(p41)に、下ゆでした玉ねぎを冷凍用保存容
器で合わせ、ふたをして冷凍する。

＊下ゆでの玉ねぎは角切りにして熱湯に通し、
水気をふき取って冷ます。

＊解凍方法
・調理解凍
・電子レンジで解凍

こんな料理に p94

カラフルな野菜たちの組み合わせは、
料理のつけ合わせにぴったり。

Mixed vegetables 3
和野菜ミックス

さといも＋れんこん＋しいたけ＋にんじん＋ごぼう

冷凍したななめ切りのごぼう(p37)、乱切り
のさといもと半月切りのれんこん(p38)、
¼等分に切ったしいたけ(p40)、下ゆでした
にんじんを冷凍用保存容器に合わせ、ふたを
して冷凍する。

こんな料理に p77

＊解凍方法
・調理解凍
・電子レンジで解凍

下ごしらえが面倒な野菜を冷凍しておくと、
煮ものやあえものも簡単。

Mixed vegetables 4
きのこミックス

しいたけ＋しめじ＋えのきだけ

冷凍したきのこ(p40〜p41)を、冷凍用保存
容器に合わせる。

こんな料理に p70

＊解凍方法
・調理解凍
・電子レンジで解凍

いろいろな種類が合わさることで、うま味がアップ。
炒めものやパスタに。

香りのよいハーブを加えたり、仕上げにぱらっと薬味をあしらうだけで、
料理の味は大きくアップし、盛り付けだって華やかになります。
でもほんのちょっと使っただけで、残りは捨ててしまうなんてことも……。
1回分ずつ小分けにして冷凍保存しておけば、最後まで使いきれますよ。

column Spice and Herb
ぜひとも冷凍！薬味＆ハーブ

●にんにく

中華調理やイタリアンの
香りづけの定番です

みじん切り

みじん切りしてラップで小分
けに包み、冷凍用保存袋に入
れて口を閉じる。金属製トレイ
にのせて急速冷凍する。お
ろした場合も同様に

＊**解凍方法**
・凍ったままで使用
・自然解凍

こんな料理に
p64　p66　p67　p70　p72　p73
p78　p86　p88　p89　p90　p91

●しょうが

さわやかな香りは味を高めるばかりか、
魚などの臭み消しにかかせない存在！

みじん切り

＊**解凍方法**
・調理解凍
・電子レンジで解凍

みじん切りしてラップで小分けに包み、冷凍用保存袋に入れ、
金属製トレイにのせて急速冷凍する。せん切りも同様に。

こんな料理に　p67　p70　p71　p73　p80　p82　p84　p91

おろす

＊**解凍方法**
・調理解凍
・電子レンジで解凍

おろしてラップで小分けに包み、冷凍用保存袋に入れて
口を閉じる。金属製トレイにのせて急速冷凍する。

こんな料理に　p68　p69　p75　p90

●万能ねぎ

和食の煮ものや汁もの、麺などに
加えるだけで、味も見た目もアップ

ぴちっと!

＊解凍方法
・調理解凍
・電子レンジで解凍

小口切りにしてラップで小分けに包
み、冷凍用保存袋に入れて口を閉じる。
金属製トレイにのせて急速冷凍する。

こんな料理に p65 p86 p93

●パセリ

風味豊かな香味野菜は、いつもの洋食を
本格的な味わいに変えてくれます

ぴちっと!

＊解凍方法
・調理解凍
・電子レンジで解凍

葉を摘んで水気をふき取り、冷凍用保
存袋に入れて口を閉じる。金属製トレ
イにのせて急速冷凍する。

こんな料理に p88 p92

●ローズマリー

洋食の煮込みや蒸しもの、焼きものなど
いろいろな料理に使える万能ハーブ

スパイスも冷凍保存を!

赤唐辛子やこしょうなどのスパイスも冷凍して
おくと、急にないことに気がついても安心です。
丸ごとでも粉でも、乾燥している状態なので風味
はキープしたまま! 開封前のものならばパッケー
ジごと冷凍し、口が開いているときは、口を密
封してから冷凍用保存袋に入れます。丸ごとや粒
の場合、小口切りなども冷凍用保存袋に入れて、
ぴちっと冷凍します。

こんな料理に p64 p88 p90

ぴちっと!

＊解凍方法
・調理解凍
・電子レンジで解凍

小枝に分けて水気をふき取り、冷凍用
保存袋に入れて口を閉じる。金属製ト
レイにのせて急速冷凍する。

日頃の食事にかかせないご飯やパンなどの主食はもちろん、よく登場する大豆製品、肉や魚の加工品、海藻、乳製品など我が家の冷凍室の大助かり食材たちもご紹介しておきます。どの食材も困ったときに力になってくれる岩﨑家のサポーターです。

主食

ご飯、パン、麺は、必ず冷凍しておきたいもの。解凍しても冷凍前とほとんど同じ状態に戻りますが、臭い移りしやすいので大量の冷凍は禁物！

ご飯　炊きたての熱々ご飯を密閉してから冷ますと、水分が逃げないので、解凍後の再加熱でも、もちもちの食感そのままのご飯になります

●白飯

おにぎりやお茶づけなど夜食でも大活躍！

1 ぴちっと！
ご飯が温かいうちに、ご飯茶わん1杯分をラップで包み、そのまま冷ます。直接冷凍用保存容器に入れ、乾燥しないようふたをのせて冷ましてもよい。

2
冷めたらラップの場合は冷凍用保存袋に入れ、容器の場合はふたできちんと密閉し、ともに金属製トレイにのせて急速冷凍する。

名人アドバイス
・ご飯は、必ず1食分ずつ冷凍しましょう。あいまいな計測は、食べ過ぎのもと！
・ラップにはできるだけ平らに包み、容器に入れる場合も表面を平らにして、均一に凍るようにします
・温かいうちに冷凍室に入れてしまうと、室内の温度が上がり他の食材が解ける原因に

＊**解凍方法**
・電子レンジで解凍
こんな料理に　p85 p93 p95

●炊きこみご飯

味つけご飯は、おかずが少ないときに便利

1
ご飯が温かいうちに、ご飯茶わん1杯分をラップで包み、そのまま冷ます。

ぴちっと！

2
冷めたら冷凍用保存袋に入れて口を閉じ、金属製トレイにのせて急速冷凍する。

＊**解凍方法**
・電子レンジで解凍

パン

パンは、コロッケや焼きそばといったおかずパン以外は、ほとんどの種類が冷凍保存できます。おいしく冷凍するには、乾燥を防ぐために1つずつラップで包んでおくことです。

●食パン

口にする機会の多い食パンも1枚ずつラップで密閉

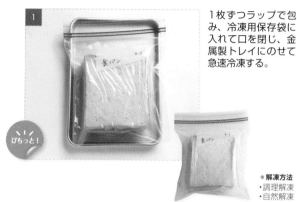

1枚ずつラップで包み、冷凍用保存袋に入れて口を閉じ、金属製トレイにのせて急速冷凍する。

ぴちっと！

＊**解凍方法**
・調理解凍
・自然解凍

こんな料理に p92

名人アドバイス フランスパンなど大きなパンは、薄く切ってから、バターロールや菓子パンなどは1個ずつラップで包んでから、同じように冷凍します

おもちはラップ＋袋冷凍で1年中、常備

切りもちは、焼いたり、汁で煮るだけで使えるので、お正月だけでなくいつでも冷凍しておくと便利。朝食やランチ、おやつなど、いろいろな場面で使えます。

ぴちっと！

＊**解凍方法**
・調理解凍
・電子レンジで解凍

麺

コシや喉ごしを大切にしたい麺類も冷凍保存が可能。おすすめは解凍後に状態が変わりにくい、ゆでうどんや蒸し中華麺。簡単に食事をすませたいときに活用を。

●うどん

冷凍のまま鍋に入れて温麺に

ぴちっと！

パッケージごと冷凍用保存袋に入れて口を閉じ、金属製トレイにのせて急速冷凍する。

＊**解凍方法**
・調味解凍
・自然解凍
・電子レンジで解凍

こんな料理に p95

●焼きそば

冷凍の肉や野菜と合わせても

ぴちっと！

パッケージごと冷凍用保存袋に入れて口を閉じ、金属製トレイにのせて急速冷凍する。

＊**解凍方法**
・自然解凍
・電子レンジで解凍

こんな料理に p95

加工品

そのまま単品でも、他の食材と合わせて料理に仕上げても人気の食材ばかり。
それぞれに味がしっかりしているので、調味料は最少限でも十分おいしい！

大豆製品

良質たんぱくの大豆製品は、毎日でも食べたい食材です。
冷凍保存しておけば、買い忘れても安心ですね

●油揚げ

酸化しやすいので早めに使って

 1 ラップで1枚ずつ包む。

 2 冷凍用保存袋に入れて口を閉じ、金属製トレイにのせて急速冷凍する。

＊解凍方法
・調理解凍
・自然解凍
・熱湯に入れ、油抜きしながら解凍

こんな料理に **p69**

名人アドバイス

・油抜きしないで、そのまま冷凍してもおいしいままです
・油抜きし、細かく切ったばら冷凍も、いろいろな料理に使えて便利です

●豆腐

凍り豆腐風の新食感に

 1

パッケージごと金属製トレイにのせ、急速冷凍する。

＊解凍方法
・自然解凍

こんな料理に **p72**

名人アドバイス

・豆腐に水分が残っているので、しっかりしぼってから料理に加えないと、味が薄まってしまいます
・使いかけの豆腐は、冷凍用保存容器に水を張った中に入れ、急速冷凍を

●納豆

室温でもすぐに解凍可能

 1

パックごと冷凍用保存袋に入れ、口を閉じて金属製トレイにのせて急速冷凍する。

＊解凍方法
・自然解凍

こんな料理に **p93**

みんな大好き！ いなりずしも冷凍

いなりずしは岩崎家ではいつも多めに作って、冷凍しておきます。これが忙しいときや急なお客様のおもてなし、お弁当といろいろな場面に大活躍です。

 **1** 1個ずつラップで包む。

 2 冷凍用保存袋に入れて口を閉じ、金属製トレイにのせて急速冷凍する。

多めに作って冷凍を

こんな料理に **p74**
＊解凍方法
・ラップごと電子レンジで解凍

材料（8個分）
● 油揚げ4枚
● 煮汁（だし1カップ、砂糖大さじ3、酒大さじ1）
● しょうゆ大さじ2強
● 米1合
● 合わせ酢（酢大さじ1½、砂糖小さじ2、塩小さじ⅓）
● 炒りごま小さじ2

作り方
1 油揚げを半分に切り、熱湯に泳がせて油抜きをして切り口を広げる。
2 油揚げを煮る。鍋に煮汁の材料を煮立て、ふたをして油揚げを煮る。煮立ったら弱火にし、約5分間煮てしょうゆを加え、さらに約20分間煮て冷ます。
3 すし飯を作る。米を炊き、合わせ酢の材料を混ぜ、刻んだごまを合わせて冷ます。
4 すし飯を8等分して軽く握り、油揚げに形よく詰める。

ハム・ベーコン・ソーセージ

家計の面でも献立でも、この三役は助っ人として不可欠。
ばら冷凍しておけば、それぞれ少量ずつ使えて便利です！

●ハム

1枚ずつ、はがせます

金属製トレイにラップをしき、ハムを並べる。ラップをかぶせ、再度ハムを並べ、ラップをかぶせる。これを何回かくり返して、急速冷凍する。

2 凍ったらラップで包んだまま、冷凍用保存袋に入れる。

●ベーコン

このまま調理に利用して

使いやすい大きさに切り、ラップをしいた金属製トレイにのせ、ラップをかぶせて急速冷凍する。

2 凍ったらラップで包んだまま、冷凍用保存袋に入れる。

*解凍方法
・調理解凍
・自然解凍
こんな料理に p83 p94

●ソーセージ

1本ずつ使えて便利

ラップをしいた金属製トレイに並べ、ラップをかぶせて急速冷凍する。

2 凍ったらラップで包んだまま、冷凍用保存袋に入れる。

*解凍方法
・調理解凍
・自然解凍
こんな料理に p83

練りもの

主材料が魚なので、豊富なうま味がいっぱい！
冷凍しても味は変わらず、いろいろな料理に応用できます。

●ちくわ

味も弾力も解凍後はもと通りに

1 1本ずつラップで包む。

2 冷凍用保存袋に入れて口を閉じ、金属製トレイにのせて急速冷凍する。

*解凍方法
・自然解凍
こんな料理に p83

●さつま揚げ

焼くだけでも美味なひと品！

1 1枚ずつラップで包む。

2 冷凍用保存袋に入れて口を閉じ、金属製トレイにのせて急速冷凍する。

*解凍方法
・自然解凍
こんな料理に p82

名人の おすすめ食材

「ちょこっと使えて便利！」という冷凍保存食材ばかりをそろえてみました。
どれもおなじみの食材ですが、冷凍しておくとより便利なものばかり！
いつものメニューに加えるだけで、間違いなく食生活が豊かになってきます。

●こんにゃく

水分が抜けてスポンジ状に。
新しい食感はクセになる！

1

パッケージごと冷凍用保存袋に入れて口を
閉じ、金属製トレイにのせて急速冷凍する。

名人アドバイス

使いかけのものは、
ラップでぴちっと包
んで冷凍用保存袋に
入れて冷凍します

＊**解凍方法**
・自然解凍

こんな料理に p83

●わかめ

食べごたえは冷凍しても不変。
1回分ずつ分けて使い勝手よく

1

わかめは水で戻し、水気をきって適当な
長さに切り、ラップで小分けに包む。

2

ぴちっと！

冷凍用保存袋に入れて口を
閉じ、金属製トレイにのせて
急速冷凍する。

＊**解凍方法**
・調理解凍
・自然解凍

●青のり

冷凍保存が風味のよさを
保ってくれます

1

ぴちっと！

青のりはパッケージごと冷凍用保存袋
に入れ、口を閉じて金属製トレイにの
せて急速冷凍する。使いかけのものは、
口をきちんと閉じてから冷凍する。

＊**解凍方法**
・自然解凍

こんな料理に p95

●バター

きちんと計量してから包むと、
調理の手間が省けます

1箱を4等分に切り、1個分ずつラップ
で包む。冷凍用保存袋に入れ、口を閉じ
て金属製トレイにのせて急速冷凍する。

名人アドバイス

1個ずつ冷蔵室に移し、
自然解凍しながら使って
も風味は劣化しません

＊解凍方法
・自然解凍

こんな料理に p81 p86 p92

●ギョウザの皮

人気メニューのギョウザが
いつでも作れるようスタンバイ

パッケージごと冷凍用保存袋に入れ、口
を閉じて金属製トレイにのせて急速冷凍
する。使いかけのものは、口をきちんと
閉じてから。

＊解凍方法
・自然解凍

こんな料理に p68

●ピザ用チーズ

1回分ずつ分けておけば、
忙しい朝でも使いやすい

小分けにして、ラップで包む。

冷凍用保存袋に入れ、口を閉じて金属
製トレイにのせて急速冷凍する。

＊解凍方法
・調理解凍
・自然解凍

こんな料理に p92 p94

生パン粉は冷凍で長持ち!

生パン粉の袋を開けて、短期間で使い切るの
はむずかしいもの。ここでも冷凍テクが役立ち
ます。未開封のものでも冷凍保存しておけば、
長期保存が可能になり、いつでも揚げたての
フライが味わえます。

パッケージごと冷凍用保存袋に入れ、口
を閉じて金属製トレイにのせて急速冷凍
する。使いかけのものは、口をきちんと
閉じてから冷凍する。

＊解凍方法…自然解凍

こんな料理に p66 p67 p68 p88

調理冷凍は楽ですよ〜。絶対に
おすすめ！ 特に揚げものは
時間がないときでもさっとで
きるのでほんとに助かります

こんなおかずがあっという間に！唐揚げの卵とじ煮 p65

こんなおかずがあっという間に！クリームベジパスタ p94

ソースはお昼に手軽にパスタを作る
ときに大活躍。スープは朝の忙しい
時間でも、ぱぱっとできちゃいます

Step 2

とっても
使える

岩﨑啓子さんがすすめる

調 理 冷 凍

こんなおかずがあっという間に！さけの親子丼 p95

安くておいしい旬の味こそ冷凍
保存しましょう。食卓に彩りを
そえてくれます

こんなおかずがあっという間に！ひじきの炒め煮 p59

副菜は食卓をにぎやかにしてく
れる強い味方。もうひと品、と
いうときに大活躍です

ソース

ソース類を一度に大量に作り、1回分ずつ小分けにして保存しておくと、いつでも欲しいときに使えて重宝します。缶詰めなどの市販品が残った場合にも、冷凍はおすすめ！

調理ずみ食材

+one Step

冷凍の魅力のひとつは、保存した食材を使えば調理時間が短縮できること。

そのためには食材を完成直前まで調理をすませておいたり、料理を作るときに多めに作って、でき上がりの状態で冷凍しておきます。

どちらもひと手間、ふた手間で、手早くおいしいひと品になりますよ。

●ミートソース

大人気のパスタソースは、常時保存しておきたい！

べたんこ

冷ましたソースを冷凍用保存袋に入れ、平らにしながら空気を抜いて口を閉じる。金属製トレイにのせ、急速冷凍する。袋の口を折り返してソースを流し入れると、汚れずにきれい。

＊大量の場合は、冷凍用保存容器を使ってもよい。

＊解凍方法
・調理解凍
・自然解凍
・電子レンジで解凍

こんな料理に **p94**

材料（6人分）
牛ひき肉300g、玉ねぎ½個、セロリ・にんじん各30g、にんにく½かけ、赤ワイン¼カップ
A（つぶしたトマトの水煮2缶分、トマトペースト大さじ1、ブイヨン1個、ローリエ1枚、塩小さじ1、オレガノ・ナツメグ・ローズマリー・こしょう各少々）
マッシュルーム8個、オリーブ油大さじ2

作り方
1 玉ねぎ、にんにく、セロリ、にんじんはみじん切りにする。
2 鍋に油とにんにくを入れて火にかけ、香りがでたら玉ねぎを加えて少し茶色になるまで炒める。セロリ、にんじんを加えて炒め合わせ、ひき肉を入れてポロポロになるまで炒める。
3 2にワインを入れて煮立て、アルコール分を飛ばす。A、薄切りのマッシュルームを入れ、再び煮立ったら弱火にして約30分間煮て、塩、こしょう各少々（分量外）で調味する。

●ホワイトソース

パスタ、ドリア、コロッケなど、洋食で大活躍します

べたんこ

冷ましたソースを冷凍用保存袋に入れ、平らにしながら空気を抜いて口を閉じる。金属製トレイにのせ、急速冷凍する。

＊解凍方法
・調理解凍
・自然解凍
・電子レンジで解凍

こんな料理に **p94**

"調理の素"も保存しておくと便利！

デミグラスやトマト、カレー、チリ、麻婆……など他のソースも冷凍保存が可能。よく使うソースは、ぜひ常備保存をしておきましょう。また調理の基本となる和風だしやブイヨンも同じような方法で保存でき、冷凍してもうま味はキープできます。

カレーもソースで保存しておけば、好みの具と合わせて煮るだけ！

ポタージュの素

やさしい味のポタージュスープも、毎回、最初から作るのは時間がかかって大変。
気軽に味わうためにも、ペースト状の "スープの素" に仕上げておくと便利です。

●マッシュルーム

**マッシュルームは
意外なほど風味豊か**

*解凍方法
・調理解凍
・自然解凍
・電子レンジで解凍

仕上げ "素" を解凍し、鍋に入れて煮立ったら牛乳1カップを加えて中火で煮立て、塩、こしょう各少々で味を調える。好みで生クリーム大さじ2を加えてもよい。

ポタージュの素を冷まし、保存袋に平らに入れて口を閉じ、金属製トレイにのせて急速冷凍する。

材料（2人分）
マッシュルーム2パック、玉ねぎ50g、じゃがいも1個、にんにくの薄切り1枚、バター大さじ1
A（水1カップ、固形ブイヨン¼個、塩小さじ⅓、こしょう少々）

作り方
1 マッシュルームと玉ねぎは薄切り、じゃがいもはひと口大に切って水にさらす。
2 鍋にバターを溶かして玉ねぎとにんにくを炒め、しんなりしたらマッシュルーム、じゃがいもを加える。香りが出たらAを加えてふたをし、煮立ったら弱火で約20分間煮る。
3 2をつぶすかミキサーにかける。

ポタージュの素 〜 その他のバリエーション

*解凍方法〜仕上げはマッシュルームと共通です

●にんじん

**マイルド食感の決め手は
"ご飯" です！**

こんな料理に p92

材料（2人分）
にんじん120g、玉ねぎ50g、白飯30g、バター大さじ1
A（水1カップ、固形ブイヨン¼個、塩小さじ⅓、こしょう少々）

作り方
1 玉ねぎとにんじんは薄切りにする。
2 鍋にバターを溶かして玉ねぎがしんなりするまで炒め、にんじんを合わせる。白飯、Aを混ぜ、ふたをして煮たったら弱火で約20分間煮る。
3 粗熱を取り、ミキサーにかける。

●かぼちゃ

**とってもスイートな
スープの完成です**

材料（2人分）
かぼちゃ（皮と種を除いたもの）200g、玉ねぎ50g、バター大さじ1
A（水1カップ、固形ブイヨン¼個、塩小さじ⅓、こしょう少々）

作り方
1 かぼちゃはひと口大に切り、玉ねぎはせん切りにする。
2 鍋にバターを溶かして玉ねぎがしんなりするまで炒め、かぼちゃを合わせて全体に脂がまわるように炒める。Aを加え、ふたをして煮立ったら弱火で約15分間煮る。
3 2をつぶすかミキサーにかける。

●ほうれん草

**栄養バランスにすぐれた
ポタージュ！**

材料（2人分）
ほうれん草100g、玉ねぎ50g、じゃがいも1個、バター大さじ1
A（水1カップ、固形ブイヨン¼個、塩小さじ⅓、こしょう少々）

作り方
1 じゃがいもはひと口大に切り、水にさらす。玉ねぎはせん切り、ほうれん草はゆでて細かく切る。
2 鍋にバターを溶かして玉ねぎがしんなりするまで炒め、じゃがいもを合わせる。Aを混ぜ、ふたをして煮たったら弱火で約15分間煮る。ほうれん草を加え、再び煮立ったら火を止める。
3 粗熱を取り、ミキサーにかける。

揚げて

揚げものだって、もちろん冷凍できます。でも一度凍らせると衣のさっくり感が
消えてしまうため、他の素材と合わせて新たな料理に変身させてしまうほうが得策です。

●揚げだんご

ひき肉を素揚げしておくだけで
煮ものや炒めものの具に早変わり

ひき肉だんご（p21）
を150℃に熱した
油で揚げ、油をきり
ながら冷ます。

冷凍

金属製トレイにラップをしき、
1のだんごを並べる。ラップを
かぶせて急速冷凍する。凍った
ら冷凍用保存袋に移す。

こんな料理に p71

＊解凍方法
・調理解凍
・電子レンジで解凍

●揚げなす

なすの冷凍は味も食感も劣化…。
でも揚げればおいしさはそのまま！

なすはヘタを切って乱切りにし、水分を
ふいて170℃に熱した油で揚げ、油を
きって冷ます。

冷凍

金属製トレイにラップをしき、1のなす
を並べる。ラップをかぶせて急速冷凍す
る。凍ったら冷凍用保存袋に入れる。

＊解凍方法
・調理解凍
・電子レンジで解凍

こんな料理に p70 p78 p91

ひき肉は炒っても

ひき肉は鍋で汁気を飛ばしながら中
火で炒り、パラパラの状態のまま冷
凍してもOK。冷ましてからラップで
小分けに包み、冷凍用保存袋に入れ
て金属トレイにのせ、急速冷凍する。

＊解凍方法
・調理解凍
・自然解凍
・電子レンジで解凍

こんな料理に p67

●揚げカツ

衣のべたつきを感じにくいよう、
揚げて冷凍するカツは小サイズに

カツ（p23）を160℃に熱した油で揚げ、
油をきって冷ます。

冷凍

金属製トレイにラップをしき、1のカツ
を並べる。ラップをかぶせて急速冷凍す
る。凍ったら冷凍用保存袋に入れる。

＊解凍方法
・調理解凍
・電子レンジで解凍

こんな料理に p66

●唐揚げ

中華風あんかけに洋風ソース、
いろいろな味つけで楽しめます

下味をつけた鶏肉（p24）に小麦粉か片栗
粉をまぶし、170℃に熱した油で揚げ、
油をきって冷ます。

冷凍

金属製トレイにラップをしき、1の唐揚
げを並べる。ラップをかぶせて急速冷凍
し、凍ったら冷凍用保存袋に入れる。

＊解凍方法
・調理解凍
・電子レンジで解凍

こんな料理に p64 p65

えびは天ぷらに

鮮度のよいえびは、生で冷凍す
るよりも、調理冷凍したほうが
味も落ちず使いやすい。なかで
もおすすめは"天ぷら"で、衣
がしなってもよい、天丼やうど
んの具に好適です。

溶いた天ぷら粉に、解凍し
たえびをくぐらせ、180℃
に熱した油で揚げ、油をき
って冷ます。

金属製トレイにラップをし
き、天ぷらを並べる。ラッ
プをかぶせて急速冷凍。

凍ったら冷凍用
保存袋に入れる。

こんな料理に p95

副菜

「あっ、野菜が足りない！」「はし休めが欲しい」。
そんなときに便利なのが煮びたしや炒り煮などの冷凍の小さなおかず。
旬の野菜や余ってしまった食材なども、最後までおいしく食べられます。

●小松菜と油揚げの煮びたし

だしじょうゆで煮た野菜は、
解凍時にさらに味がしみ込みます

汁ごと冷凍用保存容器に入れ、表面を平らにする

ふたをして、金属製トレイにのせて急速冷凍する。

*解凍方法
・自然解凍
・電子レンジで解凍

材料（2人分）

小松菜200ｇ、油揚げ1枚
煮汁（だし⅔カップ、みりん大さじ½、うす口しょうゆ大さじ1）

作り方

1 小松菜はサッとゆでて水に取り、水気をしぼって3cm長さに切る。
油揚げは小松菜をゆでた湯で油抜きし、短冊切りにする。

2 鍋に煮汁の材料を煮立て、油揚げを入れて2〜3分間煮る。小松菜
を加え、さらに2〜3分間煮る。

お す す め の 小 鉢

乾物や日持ちのする食材などを利用すれば、いつでも家庭料理の冷凍食品が完成。
小分けにしておけば、お弁当の副菜などにも利用できるので大助かりです。

＊解凍方法（共通）…調理解凍　自然解凍　電子レンジで解凍

ひじきの炒め煮

ミネラル分たっぷりの海藻の煮ものを冷凍しておけば、いつでもヘルシーな味が堪能できちゃいます。

材料（2人分）

ひじき（乾燥）20ｇ、干ししいたけ1枚、にんじん20ｇ、油揚げ½枚、ゆで大豆80ｇ、サラダ油大さじ½、煮汁（だし¾カップ、しょうゆ大さじ2、酒大さじ1、砂糖大さじ1½）

作り方

1 ひじき、しいたけは戻して水気をきる。しいたけとにんじんは太めのせん切り、油揚げは熱湯をかけて短冊切りにする。
2 鍋に油を熱してにんじん、しいたけ、大豆を炒め、ひじき、油揚げを合わせる。煮汁の材料を加え、ふたをして煮立ったら弱火にして20分間煮る。

おからの炒り煮

甘めに煮たおからは、どこかほっとする家庭料理。肉や野菜など、合わせる具は冷蔵庫の中身と相談して！

材料（2人分）

おから200ｇ、にんじん40ｇ、しいたけ1枚、長ねぎ¼本、鶏ひき肉50g、サラダ油小さじ2、A（だし1カップ、しょうゆ大さじ1½、酒大さじ1、砂糖大さじ1⅔、塩小さじ¼）

作り方

1 にんじんは太めのせん切り、しいたけは細切り、長ねぎは小口切りにする。
2 フライパンに油を熱して長ねぎを炒め、香りが出たらひき肉、にんじん、しいたけを炒め合わせる。おからを合わせてさらに炒め、Aを加えて中火で汁気がなくなりふわっとするまで炒める。

切干し大根の煮もの

乾物の大根は、冷凍＆解凍それぞれの段階で組織が壊れ、味がじんわり、じんわりと深まります。

材料（2人分）

切干し大根（乾燥）30ｇ、にんじん20ｇ、さつま揚げ1枚、煮汁（だし1カップ、酒大さじ1、砂糖小さじ2）、しょうゆ大さじ1強

作り方

1 切干し大根を戻し、水気をしぼる。にんじんは短冊切り、さつま揚げは熱湯をかけて細切りにする。
2 鍋に煮汁の材料を煮立て、1を入れる。ふたをして煮立ったら弱火にして10分間煮て、しょうゆを加えてさらに約15分間煮る。

根菜とベーコンのきんぴら

根菜のしゃっきり歯ごたえ、ベーコンのコクのある味。からまるしょうゆ味の香ばしさも食欲をそそります。

材料（2人分）

ごぼう100ｇ、れんこん50ｇ、ベーコン2枚、サラダ油小さじ2、赤唐辛子1本、A（酒大さじ1、しょうゆ小さじ2、砂糖小さじ1½、塩少々）

作り方

1 ごぼうは3〜4cm長さのせん切りにし、水にさらして水気をきる。れんこんは薄いいちょう切り、ベーコンは短冊切り、赤唐辛子は輪切りにする。
2 フライパンに油を熱してごぼう、れんこんを炒め、ベーコン、赤唐辛子を加えて炒め合わせて火を止める。Aを加えて再び火にかけ、中火で汁気がなくなるまで炒める。

旬の味も冷凍！
いつでもおいしく!!

旬の食材を口にすると、「今だけなんて残念…」と思うことがありませんか。
その味わいをいつでも楽しむためにも、おすすめしたいのが冷凍での保存。
味も香りも増している時期の贅沢な味覚を、そのまま閉じこめます。

春 Spring
実山椒

さわやかな色と香りが身上の山椒の実は、まさに芳香という言葉がぴったりの食材。そのまましょうゆで煮たり、昆布やじゃこと合わせたり、青魚の臭み消しに使ったり、極上の風味をぱらぱらと加えるだけで、いつもの料理がぐ〜んとランクアップします。

◎実山椒のしょうゆ煮
実山椒を下ゆでしてアクが抜けるまで水につけ、ざるにあげる。水気をふき取り、鍋に入れてかぶるくらいの水を注ぎ、しょうゆ、みりん各適量とともに煮る。冷めたらラップで小分けにして包み、冷凍用保存袋に入れて口を閉じ、金属製トレイで急速冷凍する。

＊解凍方法
・調理解凍
・自然解凍

ぴちっと！

夏 Summer
バジル

ハーブをベランダや庭で育て、摘んで料理に活用する人が急増中です。中でもイタリアンに欠かせないバジルは、ぜひ冷凍しておきたいひとつです。葉が薄いので、そのままよりはペーストで保存しておくと応用範囲も広がります。

◎バジルペースト
バジル100gをざく切りにし、フライパンに熱したオリーブ油大さじ½で炒める。ミキサーにオリーブ油大さじ1とともに入れ、ピュレ状になったら塩小さじ⅓、こしょう少々で調味し、粗熱を取る。冷凍用保存袋に入れ、口を閉じて金属製トレイで急速冷凍する。

こんな料理に　p78

＊解凍方法
・自然解凍

ぺたんこ

秋 Autumn
栗

＊解凍方法
・調理解凍
・自然解凍

ぴちっと！

秋の収穫を代表する栗は、ほっこりした食感と味わいで人気の食材です。
実は秋に限らず、お正月のおせちや日頃のお菓子づくりなどにもかかせないもの。旬の時期に甘露煮や渋皮煮、ペーストにして冷凍しておくといつでも使えます。

◎栗の渋皮煮
煮た栗を汁ごと冷凍用保存袋に入れて口を閉じ、金属製トレイで急速冷凍する。
＊びん詰めなど、市販品を開封した後の冷凍も同様に

冬 Winter
さけ

秋から冬にかけて値段が安くなるさけ。この時期に多めに買って、食べやすい状態で冷凍しておくのも賢い方法。卵の筋子やいくらも家庭で調味して冷凍保存すると、断然お得です。

さけフレーク `冷凍`

皿に広げて粗熱を取る

冷凍用保存容器に入れ、表面を平らにする。

2の表面に密着するようにラップをかぶせ、ふたをして金属製トレイにのせて急速冷凍する。

◎さけフレーク
作り方

1 さけ3切れに塩大さじ1をふって約15分間置き、沸騰した湯に入れてゆでる。水で冷ましながら汚れを取り、皮と骨を除いて水気をふいて身をほぐす。
2 フッ素樹脂加工のフライパンに身を入れ、中火にかけてさいばし数本で混ぜながらさらに細かくほぐす。
3 しょうがのみじん切り小さじ1/2、酒大さじ1、塩小さじ1/2を加えて炒り、しょうゆ小さじ1/2、ごま小さじ2を加えて炒りつける。

*解凍方法
・調理解凍
・自然解凍　こんな料理に `p95`

名人アドバイス

・ラップで小分けに包み、冷凍用保存袋に入れて冷凍してもOK！
・容器に詰めこみ過ぎは厳禁！ふわっと入れてください

`冷凍`

いくらのしょうゆ漬け

冷凍用保存容器に入れ、表面を平らにする。

1の表面に密着するようにラップをかぶせ、ふたをして金属製トレイにのせて急速冷凍する。

ふたをして金属製トレイにのせ、急速冷凍する。

◎いくらのしょうゆ漬け
作り方

1 生筋子400gをボウルに入れて塩小さじ1をふり、熱湯をかけながらさいばし数本でまわすようにかき混ぜ、薄皮をさいばしにからませる。
2 いくらを水に入れ、2～3回水を取り替えながら浮いてくる薄皮を流す。ざるに上げて水気をきり、塩をふりかけて混ぜ合わせ、さらに水気をきる。
3 2にしょうゆを加え、混ぜ合わせる。

*解凍方法
・自然解凍　こんな料理に `p95`

Step 3

さあ、冷凍保存食材を使って
おいしいおかずを作りましょう。

1カ月間、
献立に悩まない

冷凍保存で作る
レシピ大公開です!

冷凍保存は、時短や節約にとっても役立ちますが、
その究極の方法が1カ月間冷凍保存レシピです。
（1カ月献立例はp8参照）
もう、買いものにいって悩んだり、
時間がなくてあわてたりしません

冷凍すると、食材の細胞が壊れて
味がしみ込みやすくなっています。
だから味つけは控えめに。減塩にもなります

小分け冷凍やばら冷凍のいいところは、
食材の量を調整できること。
レシピは二人前ですが、
状況に合わせてちょっと多め、ちょっと少なめと
自由自在です

きちんと冷凍した食材は新鮮さもそのまま。
味はもちろん、食感にも自信が持てます

one point
食べやすくちぎった
レタスをしいた器に、
色取りよく盛って

おかずのようなサラダのような…、お得なひと皿です

唐揚げのサラダ風マリネ

材料（2人分）

冷凍
- 鶏の唐揚げ…8個（p57）
- にんにくみじん切り…少々（p44）
- 赤唐辛子…½本（p45）

レタス…2枚
きゅうり…½本

トマト…小1個
玉ねぎ…40g
マリネ液（オリーブ油大さじ1、酢小さじ1、
バルサミコ酢小さじ½、塩小さじ⅙、こしょ
う少々）

作り方

1 唐揚げは解凍する。
2 玉ねぎは細切りにし、水にさらして水気
　をきる。きゅうり、トマトは乱切りに
　する。
3 マリネ液の材料、凍ったままのにんに
　く、輪切りにした赤唐辛子を合わせ、**1**
　と**2**をあえる。

冷凍室でねむっていた唐揚げを、卵で包んで再生！

唐揚げの卵とじ煮

材料（2人分）

- 鶏の唐揚げ…6個（p57）
- ごぼうのささがき…½本分（p37）
- 万能ねぎ小口切り…大さじ½分（p45）

にんじん…40g
煮汁（だし¾カップ、しょうゆ大さじ 1½、
砂糖大さじ1）
卵…2個

作り方

1 唐揚げは解凍して半分に切り、にんじんはせん切りにする。
2 なべに煮汁の材料を煮立て、凍ったままのごぼう、1のにんじんを入れてさっと煮る。唐揚げを加え、ふたをしてさらに 2〜3分間煮る。
3 2に溶き卵をまわし入れ、凍ったままの万能ねぎを散らし、ふたをして火を止める。

one point
卵のかたさは、お好みで

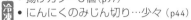
冷凍カツにトマトとチーズをかけて、イタリア風に

揚げカツのトマト煮

材料（2人分）

冷凍
- 揚げカツ…6個（p57）
- にんにくのみじん切り…少々（p44）
- エリンギの薄切り…1パック分（p41）

玉ねぎ…½個
オリーブ油…大さじ1
A（トマト缶〈カットタイプ〉150g、
水½カップ、コンソメ¼個）
塩…小さじ¼
こしょう…少々
粉チーズ…小さじ1

作り方

1 玉ねぎは角切りにし、カツは解凍しておく。
2 鍋にオリーブ油を熱し、玉ねぎ、凍ったままのにんにくを炒め、Aを加えて混ぜながら煮立てる。凍ったままのエリンギを加えてふたをかぶせ、煮立ったら弱火にして約5分間煮る。
3 2にカツを加えてさらに約5分間煮て、塩、こしょうで味を調える。

one point
器に盛って仕上げにチーズをふり、風味アップ

カツをだしの効いた汁で煮れば、白いご飯に好適！

カツと小松菜のおろし煮

材料（2人分）

冷凍
- 揚げカツ…6個（p57）
- 小松菜…200g（p38）
- 大根おろし…½カップ（p39）

煮汁（だし¾カップ、みりん・しょうゆ各大さじ1）
七味唐辛子…少々

作り方

1 ひと口カツ、大根おろしは解凍する。
2 鍋に煮汁のだしを煮立て、みりん、しょうゆを加えて再度煮立てる。
3 2に凍ったままの小松菜を入れ、煮立ったら1を加えて3〜4分間煮る。

one point
仕上げに七味唐辛子をふって、味と見ためのアクセントに

one point
コロッケは好きな形に丸めて。加熱した具を使えば、揚げ時間が短くてもOK!

かぼちゃの甘みとカレー粉の風味はとっても相性よし!

かぼちゃのスパイシーコロッケ

材料(2人分)

冷凍
- 炒めたひき肉…50g(p56)
- つぶしたかぼちゃ…200g(p39)
- ピーマン…10g(p36)
- にんにくのみじん切り…少々(p44)
- しょうがのみじん切り…少々(p44)
- バター…大さじ1(p51)
- パン粉…適量(p51)

玉ねぎ…30g
A(カレー粉小さじ1、塩小さじ¼、こしょう少々)
小麦粉…適量
卵…1個
揚げ油
ミックスリーフ…1袋

作り方

1 ひき肉、かぼちゃは解凍しておく。半解凍にしたピーマン、玉ねぎはみじん切りにする。

2 フライパンにバターを溶かし、1の玉ねぎとピーマン、凍ったままのにんにくとしょうがを炒め、ひき肉を加えて炒めて合わせる。

3 2にかぼちゃ、Aを混ぜ合わせ、冷して8個に丸める。

4 3、小麦粉、卵、パン粉の順にまぶし、170℃に熱した揚げ油で4〜5分間揚げる。油をきり、ミックスリーフをしいた皿に盛る。

冷凍食材のおかげで人気の点心がいつでも楽しめます

きのこ入り焼きギョウザ

材料（2人分）

冷凍
- ひき肉…200g (p21)
- しいたけ…2枚 (p40)
- おろししょうが…少々 (p44)
- ギョウザの皮…1袋 (p51)

長ねぎのみじん切り…大さじ3
白菜…2枚
塩…少々
A（しょうゆ・酒各小さじ2、
ごま油大さじ½、塩・こしょう各少々）
サラダ油・ごま油…各小さじ2
B（ラー油・しょうゆ・酢各適量）

one point
皮にひだを取りながら包むと、見た目がきれい

作り方
1 ひき肉、ギョウザの皮は解凍、しいたけは半解凍してみじん切りにする。白菜もみじん切りにし、塩を合わせてしんなりしたら水気をしぼる。
2 ひき肉に凍ったままのしょうがと長ねぎ、Aを混ぜ、白菜としいたけを合わせる。
3 ギョウザの皮の縁に水をつけ、等分に分けた2をのせて縁と縁をくっつけるように包む。
4 フライパンにサラダ油をしき、3を並べて火にかけ、フライパンが熱くなったら、水をギョウザの高さの1/4まで入れ、ふたをして中火で水気がなくなるまで蒸し焼きにする。仕上げにごま油をまわし入れ、焼き色を底面につける。好みでBをつける。

ぺたんこ冷凍のひき肉なら、
さっくりフライもあっという間！

角切りメンチ

材料（2人分）

冷凍
- ひき肉…200g (p21)
- パン粉…適量 (p51)

玉ねぎ…½個
塩、こしょう…各少々
小麦粉…適量
卵…⅓個
揚げ油…適量
レタス…適量

作り方

1 ひき肉は半解凍して四角に整え、玉ねぎはやや厚めの半月切りにしてつまようじでとめ、それぞれ塩、こしょうをふる。
2 1のひき肉と玉ねぎに、それぞれ小麦粉、卵、パン粉を順につける。
3 揚げ油を160℃に熱し、2のひき肉を入れ4～5分間かけてゆっくりと揚げ、揚げ終わりには火を強める。玉ネギは170℃の油で揚げる。
4 油をきり、レタスをしいた皿に盛る。

one point
揚げ上がりに油の温度を上げると、ころもがカラリっ！

one point
半解凍のほうれん草を芯にすると、巻きやすい

くるくるロールの中に素材のうまみが大集合です

ひき肉と青菜の信田巻き煮

材料（2人分）

冷凍
- ひき肉…200g（p21）
- ほうれん草…100g（p38）
- 油揚げ…2枚（p48）
- おろししょうが1かけ…小さじ¼（p44）

酒…大さじ1
片栗粉…少々
煮汁（だし½カップ、しょうゆ大さじ1½、
酒大さじ1、砂糖大さじ1弱）
水溶き片栗粉（片栗粉小さじ½、水小さじ1）

作り方

1 油揚げは解凍し、3辺を切って1枚状に
広げ、熱湯をかけ油抜きする。ひき肉は
解凍してしょうがと酒を混ぜ、ほうれん
草は半解凍にする。

2 油揚げの内側に片栗粉を少量ふり、ひき
肉の半量を全体に広げる。ほうれん草の
半量をのせて端から巻き、巻き終わりを
つまようじで数カ所とめる。残りも同
様に。

3 鍋に煮汁の材料を煮立てて **2** を入れ、ふ
たをして再度煮立ったら弱火で約15分
間煮る。取り出し切り分ける。

冷凍室の肉と野菜で本格的なカレーに仕上げます

トマトと揚げなすのキーマカレー

材料（2人分）

- ひき肉…100g（p21）
- 丸ごとのトマト…1個（p34）
- 揚げなす…2本分（p56）
- **冷凍** きのこミックス…80g（p43）
- しょうがのみじん切り
  …小さじ½（p44）
- にんにくのみじん切り
  …小さじ½（p44）

玉ねぎ…¼個
ローリエ…1枚
水…1カップ
カレールウ…4かけ
プレーンヨーグルト…¼カップ
塩、こしょう…各少々
サラダ油…小さじ2

作り方

1 ひき肉は解凍し、玉ねぎはみじん切りにする。

2 フライパンに油を熱して**1**のひき肉を炒め、玉ねぎ、凍ったままのしょうがとにんにくを加えて炒め合わせる。

3 **2**に水とローリエ、凍ったままのトマトを入れ、ふたをする。煮立ったら弱火にして約10分間煮込み、トマトの皮が浮いてきたら取る。凍ったままのきのこ、揚げなすを加え、再び煮立ったら火を止める。

4 **3**にカレールウを溶かし混ぜ、ヨーグルトを加えて中火にかける。ときどき混ぜながら煮立て、さらに弱火にして約10分間煮て、塩、こしょうで味を調える。

one point
丸ごとの冷凍トマトは熱が加わると自然に皮がむける

one point
冷凍の白飯＋パセリを混ぜたパセリライスは、カレーともチキンとも相性よし！

one point
大根の切り込みから
煮汁がじんわり
しみこむ

加熱冷凍のだんごのおかげで、超時短煮ものに

揚げだんごと大根の甘辛煮

材料（2人分）

冷凍 • 揚げだんご…10個（p56）
• しょうがのみじん切り…少々（p44）

大根…400 g
煮汁（だし1カップ、しょうゆ大さじ2、
みりん・酒各大さじ1、砂糖小さじ2）

作り方

1 大根は皮をむいて半月切りにし、厚みに
  数力所切り込みをいれてゆでる。
2 鍋に煮汁の材料を入れて煮立て、凍った
  ままの揚げだんごとしょうがを、1の大根
  を入れてふたをする。煮立ったら弱火に
  し、約15分間煮る。煮上がる直前にふ
  たを取り、火を強めて煮汁を絡める。

しっかり味のしみた鶏肉に
焼くほどに香ばしさをプラス

タンドリーチキン

材料（2人分）

冷凍 • タンドリーチキン…6本分（p25）

玉ねぎ…適量
レタス…適量
レモン…適量

作り方

1 タンドリーチキンを半解凍し、オーブ
  ンの天板にオーブンペーパーをしいて
  並べる。
2 200℃に温めておいたオーブンで、15〜
  20分位焼く。
3 皿にのせ、薄切りにして水にさらした
  玉ねぎ、ちぎったレタス、くし形切り
  のレモンをあしらう。

解凍した豆腐は新食感！ 素材のうま味も残さず吸収

牛肉と冷凍豆腐の煮もの

材料(2人分)

冷凍
- 牛こま切れ肉…150g (p20)
- 木綿豆腐…1丁 (p48)

長ねぎ…1本
煮汁(だし¾カップ、しょうゆ大さじ2、
酒・砂糖各大さじ1)
サラダ油…大さじ1
七味唐辛子…適量

作り方

1 豆腐は自然解凍して押しながら水気を
  しぼり、大きめの角切りにする。牛肉
  は解凍してひと口大に切り、長ねぎは
  ななめ切りにする。
2 フライパンに油を熱して1の長ねぎを
  炒め、香りが出てきたら牛肉を炒め合わせ
  る。
3 2に煮汁の材料を入れ、煮立ったら豆腐
  を加えてふたをする。再び煮立ったら
  弱火にして約10分間煮る。

one point
好みで七味唐辛子
をふると、味と香
りがアクセントに

春雨の食感とごまの香りで、コリアン風惣菜が完成

牛肉と春雨の韓国風煮

材料(2人分)

冷凍
- 牛こま切れ肉(しょうゆ味)…200g (p20)
- エリンギ…½パック分 (p41)
- にんにくのみじん切り…少々 (p44)

ニラ…40g
春雨(乾燥)…40g
A (水½カップ、酒大さじ2、
しょうゆ大さじ1½、砂糖大さじ½)
すりごま…大さじ1
一味唐辛子…少々
ごま油…大さじ1
ごま…小さじ½

作り方

1 ニラは3cm長さに切り、春雨は熱湯で戻
  して適当な長さに切る。牛肉は解凍しておく。
2 フライパンに油を熱して牛肉を炒め、凍
  ったままのにんにくを炒め合わせる。
3 2にAを加え、煮立ったら凍ったままの
  エリンギ、春雨、一味唐辛子、ゴマを入れ、
  混ぜながら汁気がなくなるまで中火で
  煮る。仕上げにニラを混ぜ合わせ、火が
  通ったら器に盛ってごまをふる。

one point
一味唐辛子の量
は好みで調節を

コクのあるみそが具にからみ、あつあつご飯にぴったり

豚肉とれんこんの辛みそ炒め

材料（2人分）

冷凍
- 豚薄切り肉…150g (p18)
- れんこん…80g (p38)
- にんにくのみじん切り…少々 (p44)
- しょうがのせん切り…少々 (p44)

長ねぎ…⅓本
豆板醤…小さじ½
A（テンメン醤小さじ1½、酒小さじ2、
しょうゆ小さじ1）
ごま油…大さじ1

作り方

1 豚肉は解凍してひと口大に切り、長ねぎは乱切り、れんこんは半解凍にする。

2 フライパンに油を熱して1の豚肉を炒め、凍ったままのにんにくとしょうが、長ねぎ、れんこんを加えて炒め合わせる。

3 豆板醤を加えて炒め、香りが出てきたらAで調味する。

キャベツの甘みとけずり節のうま味が決め手のさっぱり炒め！

豚肉とキャベツのおかか炒め

材料（2人分）

 豚薄切り肉（しょうゆ味）…200ｇ（p19）

長ねぎ…¼本
キャベツ…3枚
A（しょうゆ小さじ2、みりん小さじ1、
塩・こしょう各少々）
サラダ油…大さじ1
けずり節…⅓袋

作り方

1 豚肉は解凍し、長ねぎは乱切り、キャベツ
   は大きめのざく切りにする。
2 フライパンに油を熱して1の豚肉を炒め、
   長ねぎとキャベツを加えてさらに炒める。
3 2にAを加えて炒め、けずり節を合わせる。

one point
仕上げにけずり節を
もみながらふって、
より香りをアップ

いなりずし

材料（2人分）

 いなりずし…4個（p48）

作り方

解凍しておく。

one point
厚切り豚肉の中まで火を通すため、ふたをかぶせて蒸し焼きに

肉を揚げないヘルシー酢豚。でも味わいは本格的です

豚肉の甘酢あんかけ

材料（2人分）

❄冷凍
• 豚角切り…200g（p22）
• パプリカ…20g（p36）
• ピーマン…20g（p36）

玉ねぎ…½個
A（片栗粉小さじ2、酒小さじ1）
B（中華スープの素小さじ½、水¼カップ、しょうゆ大さじ1½、砂糖大さじ1、ケチャップ小さじ1、塩・コショウ各少々、酢小さじ2、おろししょうが少々）
水溶き片栗粉（片栗粉大さじ½、水大さじ1）
サラダ油…大さじ1
ごま油…小さじ1

作り方

1 豚肉は解凍し、Aの酒、片栗粉を順に混ぜ合わせる。玉ねぎは細めのくし形切りにする。
2 フライパンにサラダ油を熱して1の豚肉を入れ、ふたをかぶせて中火から弱火で焼く。途中で返して両面を焼く。
3 2に玉ねぎを加えてしんなりするまで炒め、凍ったままのピーマンとパプリカの細切りを炒め合わせる。
4 Bを加えて煮立て、水溶き片栗粉でとろみをつける。

下ごしらえ冷凍の肉ロールは
焼くだけの超便利食材

大葉ロール焼き

材料（2人分）

❄冷凍 大葉ロール…6個（p19）

たれ（しょうゆ小さじ2、みりん小さじ1）
サラダ油…小さじ1
大根おろし…50g（冷凍でも可。p39）
レモン…適量

作り方

1 大葉ロールは、半解凍にしておく。
2 フライパンを熱して油をひき、1の大葉ロールを並べて中火で焼く。焼き色がついたら、ふたをして弱火で2〜3分焼く。ひっくり返して裏側も同様に焼く。
3 たれの材料を合わせて2に加え、肉にからめる。

one point
水気をきった大根おろしとレモン汁でさっぱりと

梅の酸味で骨付き肉を風味豊かなさっぱり煮ものに

手羽元の梅しょうゆ煮

材料（2人分）

冷凍 鶏手羽元…6本（p25）

梅干し…2個
煮汁（だし1カップ、酒・みりん各大さじ2、
しょうゆ小さじ2）
サラダ油…小さじ2

作り方

1 手羽元は半解凍にし、梅干しは大きく
ちぎる。
2 鍋に油を熱し、1の手羽元を入れて表
面がきつね色になるまで焼く。
3 2に煮汁の材料、梅干しの果肉と種を
入れ、煮立ったらふたをして弱火で約
20分間煮る。

one point
種からも梅のエキスが
出るので忘れず入れて

one point
仕上げにふたを
開け、火を強め
て鶏肉と野菜に
煮汁をからめる

ふっくらとやさしい味の煮ものに冷凍食材をフル活用

鶏肉の和風炒め煮

材料（2人分）

冷凍 ● 鶏もも肉…1枚(p24)
● 和野菜ミックス…200g (p43)

煮汁（だし¼カップ、酒大さじ3、しょうゆ
大さじ1 ½、砂糖大さじ1）
ごま油…小さじ2

作り方

1 鶏肉は解凍し、ひと口大に切る。

2 フライパンに油を熱し鶏肉を入れ、き
つね色になるまで焼く。

3 2に煮汁の材料を入れて混ぜ、煮立ったら
凍ったままの和野菜ミックスを加える。
ふたをして再び煮立たせ、弱火にして
約15分間煮る。

one point
トマトは冷凍の水煮 (p34) を使うときは、解凍せずに加えて OK

バジルとトマトを使って本格的な南仏料理に仕上げて

鶏肉のプロバンス風煮

材料（2人分）

冷凍
- 鶏もも肉…1枚 (p24)
- パプリカ…30ｇ (p36)
- 揚げなす…3本分 (p56)
- にんにくのみじん切り…小さじ¼ (p44)
- バジルペースト…小さじ½ (p60)

玉ねぎ…¼個
塩、こしょう…各少々
A（トマトの水煮（カットタイプ）½缶、
水½カップ、ローリエ1枚）
B（塩小さじ½、こしょう少々）
オリーブ油…大さじ1

作り方

1 鶏肉は解凍し、ひと口大に切って塩、こしょうをふる。玉ねぎは角切りにする。

2 鍋に油を熱し、**1**の玉ねぎと凍ったままのにんにくを炒め、鶏肉を加えて炒め合わせる。

3 **2**にAを入れて混ぜ、ふたをして煮立ったら弱火で約15分間煮る。

4 火を強め、凍ったままのなすとパプリカを加え、煮立ったら弱火で約5分間煮る。B、バジルペーストで味を調える。

多めに作って! がおすすめの2品

かたまり肉のようにボリュームのある食材を下ごしらえしたり、
シチューなどことこと時間をかけて煮込む料理は、
1回ごとに作るのはかなり面倒じゃありませんか?
我が家では一度にた〜っぷりと作り、小分けにして冷凍保存しちゃいます。
忙しいときや買い物ができないときに、強い味方になってくれますよ。

煮豚

材料(1本分)

肩ロースかたまり肉…500g
しょうが…1かけ
長ねぎの青い部分…10cm長さ
八角…1かけ
煮汁(水3カップ、酒¼カップ、
しょうゆ大さじ4、砂糖大さじ3)
サラダ油…小さじ2

作り方

1 しょうがは薄切りにする。
2 フライパンに油を熱して豚肉の表面を
  きつね色に焼き、煮汁の材料を加えて
  煮立てる。
3 別鍋にしょうが、ねぎ、八角を入れ、
  2を移す。ふたをして再び煮立ったら、
  弱火にして約30分間煮込み、火を止
  めてそのまま冷ます。

冷凍方法	解凍は

ぴちっと

薄切りにして、使い勝手のよい枚数ずつラップ
で包み、冷凍用保存袋に入れて冷凍室へ

電子レンジで加熱す
るか、調理する際は
凍ったまま使う。薄
切りにしておくと、
凍っていても包丁で
切れる。

ビーフシチュー

材料（2人分）

牛シチュー用すね肉…300ｇ
バター…大さじ３
マッシュルーム…６個
A（塩・こしょう各少々、小麦粉適量）
赤ワイン…¼カップ
トマトピューレ…½カップ
B（水４カップ、にんにく½かけ、
ローリエ１枚、タイム少々）
ペコロス…8個
セロリ…1本
にんじん…60g
デミグラスソース…½カップ
C（砂糖小さじ1、塩小さじ½、こしょう少々）
バター…大さじ３

作り方

1 牛肉は角切りにし、Aの塩、こしょうをふって全体に小麦粉をまぶす。にんにくは半分に切る。

2 フライパンにバター大さじ２を溶かし、牛肉全体に焼き目をつけるように焼いてワインを加える。煮立ててアルコール分を飛ばし、トマトピューレを加えて焦がすように炒める。

3 **2**を別鍋に移してBを合わせ、ふたをして火にかける。煮立ったら弱火にし、約40分間煮込む。

4 セロリは筋を取って２～3cm長さに切り、ペコロスは皮をむいてヘタを削ぎ取り、にんじんは皮をむいて輪切りにする。マッシュルームは石づきを取ってバター大さじ1で炒める。

5 **3**の鍋に**4**を加えて約10分煮て、デミグラスソースを注ぎ入れる。さらに約10分間煮て、Cで調味する。

冷凍方法

冷凍保存容器で

使いやすい分量ごとに容器に入れ、冷めてからふたをして冷凍室で保存する。

解凍は

電子レンジで加熱するか、自然解凍した後に鍋に移す。

ぱ
ぱっと
もう1品!

は便利な冷凍食材で

なにか食卓がさみしいなとか、ちょっとおつまみが欲しいなと感じたときに、
冷凍しておいた食材を利用すれば、"もう1品"がぱぱっとできてとても便利!
ポイントは、食材の持ち味を存分に活かすこと&できるだけのシンプルな調理。
解凍の段階で大なり小なり組織が壊れるので、味のしみこみも早まります。
いつもよりちょっと薄めの味つけでも、十分おいしい1品になります。

さつま揚げの混ぜ炒め

材料(2人分)

冷凍
• さつま揚げ…3枚(p49)
• しょうがのみじん切り…小さじ½(p44)

キャベツ…2枚
A(しょうゆ・酢・砂糖各大さじ1)
ごま油…大さじ1

作り方

1 さつま揚げは熱湯をかけて解凍し、4つ
に切る。キャベツは大きめのザク切り
にする。

2 フライパンに油を熱し、キャベツ、凍
ったままのしょうが、1のさつま揚げを
炒め、Aで調味する。

凍りこんにゃくと
ちくわのきんぴら

材料（2人分）

冷凍
- こんにゃく…½枚（p50）
- ちくわ…1本（p49）

にんじん…40g
A（しょうゆ・酒各大さじ1、砂糖大さじ½）
ごま油…小さじ2

作り方

1 こんにゃくは解凍して水気をしぼり、短冊切りにしてから下ゆでする。にんじんは太めのせん切り、ちくわは解凍して輪切りにする。
2 フライパンに油を熱し、1のこんにゃく、にんじんを炒め、しんなりしたらちくわを炒め合わせ、Aで調味する。

マッシュポテトサラダ

材料（2人分）

冷凍
- つぶしたじゃがいも…200g（p39）
- ウインナーソーセージ…1本（p49）
- ハム…1枚（p49）

玉ねぎ…20g
塩・こしょう…各少々
A（マヨネーズ大さじ2、粒マスタード小さじ1）

作り方

1 つぶしたじゃがいもは解凍した後に電子レンジで約2分間加熱し、塩、こしょうを合わせて冷ます。
2 玉ねぎは薄切りにし、水にさらして水気をしぼる。ソーセージは解凍し、下ゆでしてから輪切りにする。ハムは解凍し、角切りにする。
3 冷めた1に2の玉ねぎ、Aをさっくりと混ぜ、ハムとソーセージを合わせる。

あさりのエキスが白菜にしみて極上の味わいに！

あさりと白菜の煮びたし

材料（2人分）

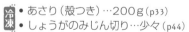 • あさり（殻つき）…200g（p33）
• しょうがのみじん切り…少々（p44）

白菜…6枚
A（だし1カップ、酒大さじ1）
B（みりん大さじ½、塩小さじ⅓）
しょうゆ…小さじ½

作り方

1 白菜は大きめのそぎ切りにする。
2 鍋に凍ったままのあさり、しょうが、Aを入れ煮立てる。
3 2に白菜、Bを加え、ふたをして再び煮立ったら弱火にして約15分間煮る。仕上げに、しょうゆで香りづけする。

one point
酒は、必ず沸騰させてアルコール分を飛ばして

あっという間にできるので、おもてなしにもどうぞ

あじの干ものの混ぜずし

材料（2人分）

冷凍
- あじの干もの…1枚（p31）
- しょうがみじん切り…小さじ½（p44）
- みょうがせん切り…1個分（p35）
- ご飯…温かいもの 1合分（p46）

青じそ…4枚
きゅうり…½本
塩…少々
ごま…小さじ2
合わせ酢（酢大さじ1½、砂糖小さじ1、
塩小さじ½）

作り方

1 あじは凍ったまま焼き、骨と皮を除いて
身をほぐす。

2 青じそはせん切りにし、きゅうりは小さ
めの角切りにして塩を混ぜ、しんなりさ
せて水気をしぼる。

3 すし飯を作る。合わせ酢の材料、しょう
が、みょうがを合わせ、解凍して温めた
ご飯にさっくりと混ぜる。

4 3に1、2、ごまを加えて、混ぜ合わせる。

one point

魚の身は手で
ほぐすのが一番！

すし酢や具は、
ご飯をしゃもじで
切るようにしながら
手早く混ぜて

ごまは高い位置からふって、
全体にまんべんなく！

かわいい色合いともちっとした食感は子供にも大人気

さけと山いもの落とし焼き

材料（2人分）

冷凍
- さけ…2切れ (p26)
- おろし山いも…200g (p39)
- 万能ねぎの小口切り…大さじ1 (p44)

塩…少々
サラダ油…大さじ1
レモン、練り辛子、しょうゆ…各適量

作り方

1 さけ、山いもは解凍する。
2 さけは皮を除いて身を角切りにし、凍ったままの万能ねぎ、塩とともに山いもに混ぜ合わせる。
3 フライパンに油を熱し、2をひと口大に丸く平らに整えながら落とし入れる。ふたをして中火から弱火で両面焼く。

one point
好みでレモン汁、辛子しょうゆをつけても

みそとバターの相性のよさが実感できるひと品です

さけのみそ漬けホイル焼き

材料（2人分）

冷凍
- さけのみそ漬け…2切れ (p27)
- しめじ…60g (p41)
- にんにくのみじん切り…少々 (p44)
- バター…小さじ2 (p51)

キャベツ…1枚
玉ねぎ…½個
酒…小さじ2

作り方

1 さけは半解凍し、玉ねぎは半月切り、キャベツは短冊切りにする。
2 アルミホイルに半量のキャベツ、玉ねぎ、さけ、凍ったままのしめじを順にのせる。にんにくを散らし、酒をふってバターをのせ、アルミホイルの口をしっかり閉じる。残りも同様に。
3 温めておいたオーブントスターに入れ、約20分間焼く。

one point
さっぱりさせたい
ときは大根おろし
を添えて

白いご飯はもちろん、酒肴にももってこいの味わい

さけの鍋照り焼き

材料(2人分)

冷凍
- さけのみりんじょうゆ漬け…2切れ (p27)
- れんこんの半月切り…6切れ (p38)

たれ(酒小さじ2、しょうゆ、みりん各小さじ1、砂糖少々)
サラダ油…小さじ2

作り方

1 さけは解凍し、フライパンに油を熱して両面をきつね色になるまで焼く。凍ったままのれんこんを加えて焼き、一度取り出す。

2 1のフライパンをペーパータオルでさっとふき、たれの材料を煮立てる。1のさけとれんこんを戻し、たれをよくからめる。

脂ののったうま味を閉じこめてから漬け込む

さわらとねぎの南蛮漬け

材料（2人分）

冷凍
- さわら…2切れ（p27）
- 赤唐辛子…1本（p45）

ねぎ…1本
漬け汁（だし¼カップ、酢大さじ3、しょうゆ
大さじ1½、砂糖大さじ1）
小麦粉…少々
揚げ油…適量

作り方

1 さわらは解凍し、ひと口大に切って水気
　をふき取る。ねぎは2cm長さに切り、赤
　唐辛子は輪切りにする。
2 漬け汁の材料を合わせひと煮立ちさせ、
　赤唐辛子の輪切りを加える。
3 さわら全体に薄く小麦粉をまぶし、170℃
　に熱した油でキツネ色に揚げ、熱いうち
　に2に漬ける。ねぎもさっと素揚げし、
　同様に漬ける。

one point
最低でも、約
15分間漬け
てから器へ

スナック感覚で楽しめるスパイシーな揚げものです

かじきのカレースティックフライ

材料（2人分）

冷凍
- かじき…2切れ（p27）
- パセリみじん切り（p45）
- にんにくみじん切り…少々（p44）
- パン粉…適量（p51）

A（カレー粉小さじ¼、塩・こしょう各少々）
小麦粉…適量
卵…½個
揚げ油…適量
ソース（プレーンヨーグルト大さじ2、マヨ
ネーズ大さじ1、塩・こしょう各少々）

作り方

1 かじきは解凍してスティック状に切り、
　合わせたAをまぶす。
2 1に小麦粉、卵、パン粉を順につけ、
　170℃に熱した油でキツネ色に揚げる。
3 ソースの材料、凍ったままのパセリ、にん
　にくを混ぜ合わせる。

one point
ソースの材料に
好みのハーブを
混ぜたり、パプ
リカやペッパーを
加えたり自由に

トマトとオリーブ油で
いつもの焼き魚がイタリアンに

さばの
にんにくオイル焼き

材料（2人分）

冷凍
- さば（小さめのもの）…4切れ（p28）
- にんにくのみじん切り…小さじ1
  （p44）

塩、こしょう…各少々
オリーブ油…小さじ2
プチトマト…4個

作り方

1 凍ったさばに塩、こしょうをふ
り、クッキングシートをしいた
オーブンの天板に並べる。

2 1に凍ったままのにんにくを散
らしてオリーブ油をかけ、あい
ているところにトマトをのせる。

3 オーブンを200℃に温め、2を
約10分間焼く。

ワインやビールにぴったりな、おつまみ感覚のひと皿

いかのたらマヨ炒め

材料（2人分）

冷凍
- いかの胴の短冊切り…1ぱい分（p30）
- たらこ…¼腹（p31）
- にんにくのみじん切り…少々（p44）

A（酒小さじ1、塩・こしょう各少々）
マヨネーズ…大さじ1
オリーブ油…小さじ2

作り方

1 いかとたらこは解凍し、たらこは薄皮を取って身をほぐす。
2 フライパンに油を熱していかとにんにくを炒め、たらこ、Aを合わせて火を止める。マヨネーズを混ぜ、余熱で全体になじませる。

one point
いかの表面に格子状に切り目を入れておくと、加熱しても丸まらない

ピリ辛＋甘酸っぱさで、あっという間にアジアンテイスト

いかのエスニック炒め

材料（2人分）

冷凍
- いか…1ぱい分（p30）
- 大根のせん切り…150g（p37）
- しょうがのせん切り…少々（p44）
- にんにくのみじん切り…少々（p44）
- 赤唐辛子…1本（p45）

レモン輪切り…2枚
A（ナンプラー小さじ2、砂糖小さじ1）
ごま油…大さじ1

作り方

1 いかは解凍し、胴は輪切り、足は食べやすい長さに切る。赤唐辛子は輪切り、レモンは半月切りにする。
2 熱したフライパンに大根を入れ、混ぜながら解凍する。ざるにあげて水気をきる。
3 フライパンを熱して油をひき、1のいかと赤唐辛子、にんにく、しょうがを炒め、大根を加えて炒める。
4 3にA、レモンを加え、炒め合わせる。

one point
大根の水をきらないと、仕上げの味が水っぽくなってしまう

冷凍食材を使って、ちょっと贅沢な麻婆に大変身！

ほたてと揚げなすの麻婆炒め

材料（2人分）

冷凍
- ほたて貝柱…6個（p32）
- 揚げなす…3本分（p56）
- にんにくのみじん切り…小さじ½（p44）
- しょうがのみじん切り…小さじ½（p44）

長ねぎのみじん切り…大さじ½
片栗粉…小さじ2
豆板醤…小さじ1/2
A（水½カップ、酒・しょうゆ各大さじ1、砂糖　小さじ½、中華スープの素小さじ¼）
ごま油…小さじ2
水溶き片栗粉（片栗粉小さじ1、水小さじ2）

作り方

1 ほたて貝柱は解凍し、水気をふいて半分の厚さに切り、片栗粉をまぶす。
2 フライパンに油を熱して1の両面焼き、しょうが、にんにく、長ねぎを加えて炒め合わせる。
3 2に豆板醤を加えて炒め、香りが出たらAを入れて煮立てる。
4 凍ったままのなすを加えてふたをかぶせ、煮立ったら弱火にして4〜5分間煮る。仕上げに火を強め、水溶き片栗粉でとじる。

●……… 体にやさしいブレックファースト

じゃこと青菜の
オムレツ

材料（2人分）

冷凍
- しらす干し…大さじ2（p31）
- ほうれん草…100g（p38）
- バター…小さじ2（p51）

卵3個、塩・こしょう…各少々

作り方

1 しらす干しは熱湯をかけて解凍し、水気をきる。ほうれん草は半解凍して適当な長さに切り、水気をしぼる。
2 フライパンにバター小さじ1を溶かして1を炒め、塩、こしょうで調味して取り出し、ほぐした卵と合わせる。
3 小さめのフライパンに残りのバターを溶かし、半量の2を流し入れて半熟状になるまで大きく混ぜ合わせ、オムレツ形に形を整えながら焼く。

にんじんの
ポタージュ

材料（2人分）

冷凍
- にんじんのポタージュの素…p55の1袋分
- パセリ…少々（p45）

牛乳…1カップ
塩・こしょう…各少々

作り方

ポタージュの素を半解凍して鍋で煮立て、牛乳を加えてひと煮立ちしたら塩、こしょうで調味する。あればパセリを散らす。

チーズトースト

材料（2人分）

冷凍
- 食パン…2枚
- ピザ用チーズ…40g

作り方

凍ったままの食パンにチーズをのせ、オーブントスターでチーズが溶けるまで焼く。

column

冷凍食材活用で
あっという間の朝ごはん!!

一日のエネルギーチャージは、朝ごはんを食べることから始まります。
でも時間がなくて……という心配も、冷凍食材のフル活用で解決！
和洋に関わらず、バランスのよいメニューが簡単に作れますよ。

1日の元気補給はヘルシー和定食で ……………

ねばねばおかか飯

材料（2人分）

冷凍
- ご飯茶わん…2杯分（p46）
- オクラの輪切り…5本分（p35）
- 納豆…2パック（p48）

けずり節少々、しょうゆ適量

作り方

1 納豆、オクラは自然解凍し、納豆は添付のたれ、好みで辛子を加えて混ぜる。
2 解凍して温めたご飯にのせ、オクラとけずり節をふりかけ、好みでしょうゆをかける。

しじみ汁

材料（2人分）

冷凍
- しじみ…100g（p33）
- 万能ねぎの小口切り…小さじ1（p45）

水…2カップ
昆布…4cm長さ
みそ…小さじ2½

作り方

1 鍋に水、昆布、しじみを入れて火にかけ、煮立ってしじみの口が開いたら昆布を取り出す。
2 1にみそを溶き入れ、ひと煮立ちしたら万能ねぎを散らす。

おめざ＆おやつも冷凍保存

おまんじゅうやどらやきなどの和菓子、パウンドケーキやマドレーヌなどの焼き菓子、そしてデコレーションケーキだって冷凍できます。冷凍は1個ずつラップで包み、冷凍用保存袋に入れますがケーキのようにくずれやすいものは、パッケージごと冷凍用保存袋に入れ、冷凍しても **OK** です。これで「ちょっと甘いものが欲しい」ときや、急なお客さまにも対応できますね。

 解凍は　室温で自然解凍が基本。でも和菓子は、ラップごとほんの短時間電子レンジで加熱してもよい

column

冷凍食材活用で
麺も丼も超最速！

麺やご飯、ソース類の冷凍も、いざというとき大助かり。
具をプラスすれば、意外なほど豪華な1品に変身します。
ランチやブランチ、夜食など、いろいろな場面で大活躍です！

麺

クリームベジパスタ

材料（2人分）

冷凍
- ホワイトソース…1カップ分(p54)
- ハム…2枚(p49)
- 好みの洋野菜ミックス…100g(p43)

スパゲティー…160g
牛乳…1カップ
塩・こしょう・パルメザンチーズ…各少々

作り方

1 鍋の熱湯に塩少々（分量外）を加え、ス
　パゲティー指定の時間ゆでる。ゆで上
　がりの2分くらい前に、凍ったままの
　野菜ミックスを入れていっしょにゆでる。
2 ホワイトソースは解凍し、ハムは角切り
　にする。
3 鍋でホワイトソースと牛乳を合わせ、
　ハムを入れてひと煮立ちさせる。湯をき
　った1を加えて混ぜ、塩、こしょうで調
　味してチーズをかける。

麺

スパゲティーミートグラタン

材料（2人分）

冷凍
- ミートソース…p54の½量(p54)
- 好みの洋野菜ミックス…100g(p42)
- ピザ用チーズ…60g(p51)

スパゲティー…120g

作り方

1 スパゲティーは半分に折り、塩少々（分
　量外）を入れた熱湯で指定の時間ゆで
　る。ゆで上がりの約2分前に、凍った
　ままの野菜ミックスを加えてゆでる。
2 ミートソースは解凍し、半量と湯をき
　った1を混ぜ合わせて耐熱皿に平らに
　入れる。残りのミートソースをかけ、
　チーズを全体に散らす。
3 オーブントースター、または230℃
　に熱したオーブンで焦げ目がつくまで
　8～10分間焼く。

いかのオイスターソース焼きそば

材料 (2人分)

冷凍
- いかの胴（ひと口大に切ったもの）…1ぱい分 (p30)
- パプリカ…20g (p36)
- 小松菜…80g (p38)
- 焼きそばの麺…2玉 (p47)

玉ねぎ…¼個
A（酒・しょうゆ各大さじ1、オイスターソース小さじ2、塩・こしょう各少々）
サラダ油…大さじ1
ごま油…小さじ2

作り方

1. いかは解凍し、玉ねぎはせん切り、小松菜は半解凍して水気をしぼる。麺も解凍し、さらに袋ごとレンジで約2分間加熱しておく。
2. フライパンにサラダ油を熱して、1の玉ねぎといかを炒め、凍ったままのパプリカ、小松菜を加えてさらに炒める。麺を入れ、ほぐしながら炒め合わせ、Aで調味する。仕上げにごま油をまわし入れ、香りを高める。

天ぷらうどん

材料 (2人分)

冷凍
- えびの天ぷら…4尾 (p57)
- ほうれん草…50g (p38)
- なめこ…40g (p41)
- うどん…2玉 (p47)

麺つゆ…適量
長ねぎ…少々

作り方

1. 天ぷらは、キッチンペーパーにはさんで電子レンジで解凍する。
2. 鍋に麺つゆ、なめこを入れ、煮立ったらうどんを加える。再度煮立ったらほうれん草を入れる。
3. 器に2を盛って、1の天ぷらをのせる。

＊麺つゆは、指定の量の水で薄めて使う。ストレートタイプはそのままで。

さけの親子丼

材料 (2人分)

冷凍
- いくらのしょうゆ漬け (p61)
- さけフレーク…各適量 (p61)
- ご飯…茶わん2杯分 (p46)
- 青のり…少々 (p50)

作り方

1. ご飯を解凍する。
2. 器にご飯の半量を盛り、凍ったままのいくらとさけをのせ、あれば青のりをふる。

週1回の買い物でOK!

冷凍名人が伝授
冷凍保存でこんなに節約!!

発行日　2020年7月1日　第1刷

著者	岩﨑啓子

本書プロジェクトチーム

編集統括	柿内尚文
編集担当	池田剛
編集協力	荒川典子（AT-MARK）、宮川継（編集室レテラ）
料理アシスタント	上田浩子、金井さやか、近藤浩美
カバーデザイン	河南祐介（FANTAGRAPH）
本文デザイン	手塚みゆき
撮影	杉田空
校正	東京出版サービスセンター
営業統括	丸山敏生
営業推進	増尾友裕、藤野茉友、綱脇愛、渋谷香、大原桂子、桐山敦子、矢部愛、寺内未来子
販売促進	池田孝一郎、石井耕平、熊切絵理、菊山清佳、櫻井恵子、吉村寿美子、矢橋寛子、遠藤真知子、森田真紀、大村かおり、髙垣真美、髙垣知子、柏原由美
プロモーション	山田美恵、林屋成一郎
講演・マネジメント事業	斎藤和佳、高間裕子、志水公美
編集	小林英史、舘瑞恵、栗田亘、村上芳子、大住兼正、菊地貴広
メディア開発	中山景、中村悟志、長野太介
総務	千田真由、生越こずえ、名児耶美咲
マネジメント	坂下毅
発行人	高橋克佳

発行所　**株式会社アスコム**

〒105-0003
東京都港区西新橋2-23-1　3東洋海事ビル
編集部　TEL：03-5425-6627
営業部　TEL：03-5425-6626　FAX：03-5425-6770

印刷・製本　中央精版印刷株式会社

ⒸKeiko Iwasaki　株式会社アスコム
Printed in Japan ISBN 978-4-7762-1092-4